優秀的人，都敢對自己下狠手

不設限世代，
競業青年的翻身準則

陳立飛 Spenser／著

Chapter 1

職場上，哪有什麼「穩定」 013

CONTENTS

Chapter 2

天馬行空的開始

Chapter

3

青春終將逝去，情懷永遠不老

CONTENTS

Chapter 4

自序
換一條人生賽道

我曾想過離開體制後可能發生的改變，但卻沒想到，這種改變包括出版一本書。

我在北京、上海和深圳舉辦的讀者交流會上，都會提到自己人生的兩個重大事件。它們改變了我的整個人生軌跡，將生命線從一條賽道直接切換到另一條，跨度之大，現在回首都覺得不可思議。

第一件事，就是遞了辭呈，從寧波飛到香港，開始讀研究生。

在寧波的一所重點高中當了四年高中英文老師，帶出第一屆高三畢業班後，想像自己五年甚至十年後的樣子，以及四周的世界，也許再用一個四年也只能換取一片毫無驚喜的平淡。

我知道這不是自己想要的未來，教書很好，只是不適合我。內心兩隻野獸在打架，傳統的那隻告訴我求穩，外面的世界不知道多兇險；但激進的那隻一直在頂著胸口問，難道你的人生就只有這樣了嗎？

終於，傳統敗給了激進……。

所以每每有人和我說，你現在取得的成績不錯，混得還可以啊，當初怎麼這麼有勇氣踏出這一步呢？嘖嘖……。

那不是勇氣，那是對自己的無能為力，對現狀的砥礪還擊，對未來的沒有退路。和未知的未來相比，一眼看得到盡頭的未來更讓我恐懼。說白了，其實就是軟弱無能。

第二件事，就是當時我居然神奇地開了一個微信公眾號。

二〇一三年羅振宇的脫口秀節目《羅輯思維》在優酷上開講，開啟了如今自媒體的新時代。他肯定沒有想過，三年後會是這樣的規模、流量和影響力。我從他第一期節目就開始關注了，還掏了一千多元買了鐵杆會員，一路跟隨至今。毫不客氣地說，我是看著「羅輯思維」這個號如何一步步長大的。

很多讀者或朋友問我，為什麼你的公眾號名字叫「Spenser 的二次學習日記」？其實這個名字並不是我原創的，而是一個在哈佛商學院念碩士叫 Fay 的女孩，她開設了一個公眾號叫「Fay 的二次學習日記」，寫自己在哈佛求學的故事，我一直關注並頗有興趣。

當我決定去香港念書後，滿腦子想著為什麼不為自己在香港的生活也做個記錄呢？索性就註冊了，當時也沒想好取什麼名字，就先取了「Spenser 的二次學習日記」。後來才知道公眾號名字是不能修改的，於是便沿用至今。

可惜，Fay 的那個公眾號後來不知為何停止更新了，最後的文章一直停留在二〇一五年二月二十四日。這讓我想起朋友曾說過，他以前一直追和菜頭的文章看，後來有一段時間和菜頭突然停止更新，讓他覺得很焦慮，很想知道到底發生了什麼事，也有一種被拋棄的感覺，頓失依靠。

二〇一四年十二月我去了美國波士頓，在哈佛朋友的宿舍住了近一個星期，特地到了哈佛商學院認識在那裡的中國留學生，向他們打聽 Fay 是誰。如果見到本人我會告訴她，她影響了我的現在，以及之後更大的未來。

可惜，打聽的人都不知情，而我發給 Fay 的後台留言也一直沒有得到回覆。

站在查爾斯河的橋上，看著哈佛的紅牆，感慨人生的奇妙。一個不經意出現的人，可能會影響另一個人的整個未來。

我自己的本職工作是金融，這個職業離錢近、離欲望近，容易陷入焦慮、浮躁、膨脹，眼睛裡帶著血。而每週更新一次的文字，是在發洩內心腫脹、反省平日言行、窺探內心魔鬼，也是在細數這一路的歲月腳印。

不管是資源互換，還是商業變現，公眾號除了帶來這些附加價值，最核心、最重要的則是它記錄了這幾年自己的路程，好的壞的情緒，光榮和低谷。濃縮了在香港留學、工作、在北上深等一線城市看到的世界和所有的衝擊與思考。

在網路上有篇很紅的文章，名為「世界那麼大，我想去看看」，我當自己就是那個看世界的人。很多時候我們沒看過外面的世界，才會以為自己看到的範圍就是全世界。

我開始接觸不同的行業，或是有意思的人，不論是金融圈、創投圈、新媒體圈，瞭解在北上深這些一線城市的精彩和不安。

開始明白做投行和諮詢的人，看到的都是光鮮，看不到的都是苟且，背後是數不盡的加班、電話會議和出差。開始明白許多年輕人往往低估了大城市的殘酷性，被太多的感性文字渲染而過度美化了城市的精彩。也漸漸開始明白，認知是最大的障礙，時間是唯一的風險。

如果要用一個詞來概括自己這些年離開體制後的日子，除了「野蠻生長」我找不到更準確的形容。職場轉型之大、成長速度之快，就像網路上說：「三個月就是一年。」我就像完全換了條賽道，還意外地實現了彎道超車。

有時候回頭看看過去和現在，怎麼自己腳下的路，還冒著熱氣。

所以寫下這幾年的經歷獻給這個世界，有自己的，也有別人的故事。

這本書提供了我看世界的一個角度，如果能為你帶來一些共鳴和感悟，就已滿足。

Chapter

1

職場上，哪有什麼「穩定」

職場上，哪有什麼「穩定」

「穩定」已經由原來生活的保障，
開始成為創新的束縛。

資深主持人張泉靈接受馮唐採訪，問到為什麼從央視轉型到創投圈時，她說：「這個世界正在翻頁，當這一頁已經翻過去了，你還在原來的那一頁很高興呢。」

當大家還在談穩定工作，我心裡想的是你所謂腳下傳統的穩定基石，其實早已鬆動。「穩定」已經由原來生活的保障，開始成為創新的束縛。

三年前羅振宇在做《羅輯思維》時，就曾提出職場的隨身碟化生存概念：自帶資訊，不裝系統，隨時插拔，自由協作。橫批曰：自由人的自由協作。

我居然不幸地被說中了，成了那支隨身碟。

金融從業者，自媒體人，在香港和內地都有不同的公司，時常面對自己職場身分的困惑和沒有歸屬，而且每天累成狗啊，復活節秘書休假去旅遊了，自己還在忙著工作的事。但是特別想不要臉地承認，相比前些年穩定的日子，我更喜歡現在的狀態，自身的能力和能量在這兩年得到充分的釋放。我的日子沒有被浪費。

環顧四周，如今身邊這樣的人好像越來越多了。傳統商業可以說在「某某公司」、「某某單位」工作，公司和單位就是我們的職場身分，尤其在公務員系統和事業單位，還存著「編制」的概念。所謂鐵飯碗是指保證不會被辭退，那就更有歸屬感了，單位就是衣食父母。

如今，公司作為一個人在職場的身分背書，定位開始變得模糊。白天在單位上班，晚上可能在開專車；開淘寶店做生意，則是要先成為「網紅」。光線傳媒的劉同寫了雞湯書，現在居然還拍成電影了。甚至有一種副業是人人可做的，比如微商、比如直銷，對吧？你肯定懂我的意思。

其實微商的商業模式借著網路社群的優勢，未來的發展前景還挺看好。主業是一個傳統身分，副業的收入卻更好。而且副業所花的時間和精力，也不一定比主業少。

所以網路上經常有這樣的論斷：未來「公司＋組織」的傳統模式將消失，「平台＋個人」的模式將成為主流。當一切場景、社交、支付都可以網路化，其實就真的沒公司什麼事了。因為職位的需要，把價值觀不同，興趣愛好各異的人安排在同一個空間，本身多少有點違反人性。現在一台電腦一支手機都是你在職場上的兵器，連接世界交易買賣，在網路上跑馬圈地，沒有空間限制，更沒有時間約束。

所以未來的公司不是等招進雇員後才進行公司文化培訓，而是可能在應徵前就有共同的興趣價值觀，才自發形成了組織，搭建了平台。因為網路的特性就是解決資訊不對稱的問題，你可以在不同的平台和社群，迅速找到自己的「同類」。

我相信未來跳槽的頻率會越來越高，風險和成本則越來越低。一是因為生存的壓力會越來越小，工作的意義很少是為了解決溫飽，更多是為了探索人生價值的意義。

尤其對於現在的「九〇後」，時間已經證明他們不是「腦殘」的一代，更不是垮掉的一代。他們對人生、職業，有著自己的判斷和姿態。如果覺得一份工作無法提升價值，不有趣，不能滿足自己的成長和價值觀，可能說不幹就不幹了。

當年的我們太保守、太扭捏，而他們無所顧慮，更敢想敢做。和他們聊天，總有種過不了多久，我們這些老人家就要替他們小後生打工的深深焦慮感——世界是他們的。

最近開始接觸創投圈，認識了很多有想法的「九〇後」，有些是從投行、諮詢、五百強、體制內跳出來自己做一番事業的。問原因，有些說覺得自己原來的崗位太老氣、太無聊了。或是當他們覺得碰到職場晉升的天花板後，不想耐心地熬著，直接出來創業。既然不能 up，那就主動 out 吧，大有一種「老子不陪你玩兒」的霸氣感。

哪有什麼穩定，奢望什麼歸屬，我們都是一座城市裡的孤島，我們是自己的島主。「雇員制」會暗淡，「合夥制」會發光。未來徵人除了薪水外，一定要畫一張大餅，構一片藍圖，建一個平台，說只要你有能力，就使勁耍吧。

有人說，公司不可能消失。大家在一起辦公效率更高、溝通更好——嗯，這也不一定吧。從溝通的角度來看，電話、視訊會議確實比不上面對面溝通來得直接有效。但另一方面，現在大家的時間都被網路工具切割，也就是所謂的碎片化生存。如今很難找一整段時間完全不受外界干擾。我印象中能有這種時間的場合，往往是在飛機上的幾小時。

所以我雖然經常飛，卻不反感在飛機上的「無聊」時光，反而特別珍惜這段高空平流層的與世隔絕。上面沒有 Wi-Fi、沒有訊號、沒有社交（除非旁邊的人找你搭訕）。在這段時間裡你可以安靜地打字（我確實有好些文章都是在空中寫完的），或心無旁騖地看一部電影，或者不被打擾地讀一本書。

而在公司裡表面上是有八個小時，但辦公室的八卦，社群軟體的往來，都會不定時地切斷、耗掉整段工作時間。而且上下班來回的時間也是另一種時間浪費。我相信未來工作時間會變得越來越靈活，未來更多崗位的需求和設置，會以專案、以KPI驅動，而不是以上班時間來衡量。

另一方面，工作和生活的場景分界線變得越來越模糊。有可能晚上一個人在家辦公的效率，比白天一群人在辦公室來得高。現在有電腦和手機就能辦公，不論在家裡書房、社區星巴克、酒店、動車上，或是飛機上。任何時間，任何地點。

做個「自燃型」的職場人

我相信在未來，不穩定的工作會成為常態。自由職業者不再是社會的少數派，甚至可能成為主流。

實際上，真正的自由職業者從來就不自由，因為自由是自律換來的。

記得許多年前，台灣繪本作家幾米接受採訪時談到自由職業，像他們這樣的工作者其實必須更加自律，因為沒有外在規定的時間界線區別工作和生活，需要內心有一套時間標準。不然自由就會變成散漫，滑向慵懶、墮落。

沒有自律的自由，不具任何價值。真正做自由職業的人，內心都有一台永動機，都會給自己設置KPI。通俗點說，就是不用雞湯，自帶雞血。

跨界的能力

未來職場會更強調創新，並且追求藝術與技術的結合，不但需要職場人具備更多元的素質，也必須要有豐富的技能。區分一位產品經理是否優秀，不是看寫代碼的能力，而是看心理學功底和審美能力。

跨界的真正優勢，並不在於多一個身分、多一份收入，而是透過幾個身分帶來的資源、平台和流量，進行交叉、整合、互換，最終發揮一加一大於二的效果。而且跨界也分行業屬性，並不是不尊重工匠精神。這裡單就涉及戰略定位、時間精力管理、行業趨勢判斷等一系列具體操作的能力來討論。

跨好了，能成就一盤大棋；沒跨好，就很有可能賠了夫人又折兵。

分享的能力

我認為分享不是一種意願，而是一種能力。因為人性不管是外向或內向，骨子裡都渴望被關注、被重視，一旦被推到閃光燈前，其中大多數人還是渴望表達的。

所謂社交恐懼症並不是害怕社交本身，而是害怕社交能力不行所導致的負面評價。未來是分享經濟的時代，往往自帶人格魅力的產品能賣得好，羅振宇和羅永浩已經證明了這一點，而分享能力就是打造人格魅力最重要的一環。

分享能力並不抽象，相反的，這是很細節很具象的能力。因為我們為這個世界展示的一切，其實都是在分享。具體來說你穿衣的搭配、談吐的方式、表達的能力，不管是文字還是語言，甚至你做的PPT內容和排版、在朋友圈曬的照片等等，無一不在透露、出賣著你的思想、邏輯、美學、品味。

分享能力，考驗的其實是一個人的綜合能力。

當世界已經翻頁，你在原來的一頁，還是新的一頁？

關於職場素質的四點思考

人之所以成功，並不是因為他做了什麼，而在於他選擇沒做什麼。
自我要求高的人，一定吝惜自己的時間，也不會來浪費你的時間。

突然發現自己也已經工作好些年了，體制內外都混過，想寫一些關於職場的思考和體會，我個人認為以下四點很重要。

一定要做時間管理

人永遠不會忙到沒有時間做某件事，只是那件事有沒有放在你的優先考慮選項而已。現在我手上有香港理財投資和海外教育兩個專案，內地城市辦事處的開設，要找合適的合作夥伴，建設和培訓自己的團隊與公司內部架構，每天忙得和狗一樣。若是沒做好有效的時間管理，只會深陷泥潭。

因此事情能十分鐘說完，就不要拉長到半小時。麥肯錫有個三十秒電梯理論，凡事要在最短的時間內表達清楚，只說主題和結果。所以能打電話解決的問題，就儘量不要見面，花兩小時路程見面和講十五分鐘電話其實沒多大差別。用郵件溝通工作太慢，極有可能被微信的「發起群聊」替代（千萬不要只把微信定位成單純的社交工具）。

提高做一件事的效率，是戰術層面上的考量。更重要的智慧在於用同樣的時間選擇做哪些事、不做哪些事，這是戰略上的思考。過分忙碌一定會導致盲目。

人之所以成功，並不是因為他做了什麼，而是在於他選擇沒做什麼，這句話看似勵志雞湯，卻是實在乾貨（編註：網路電商術語，意指有意義的東西）。承認吧，很多時候辛苦不賺錢，有些社交就是無效的。自我要求高的人，一定吝惜自己的時間，也不會來浪費你的時間，就是那麼地有風範。

時間管理的目的，一是為了專案分類，二是提高單位時間的使用效率，但最重要的是真正把自己從時間裡解放出來。駕馭，而不是被駕馭。就像村上春樹每天早上寫作，俞敏洪定期游泳，能管理好時間的人都是自律的人。時間花在哪裡，你的價值就在哪裡，你的人生，也在哪裡。

身體管理有時比時間管理更重要

去美國的時候在爺爺住的小鎮待了幾天，我注意到一個現象：住在郊區和小鎮的美國人身材往往都肥胖，到自助餐廳吃飯，幾乎十個有九個胖。而到了波士頓和紐約曼哈頓，明顯感覺到這裡人們的身材都還不錯，尤其是穿著上檔次西裝的人。

當今社會物質相對豐盈，隨著年齡增加基礎新陳代謝變慢，肥胖對大多數人來說幾乎是不可逆的宿命。保持身材這件事就是逆水行舟，不進則退。前段時間工作沒日沒夜，忽視了健身和流汗，不知不覺身材就像吹氣球一樣胖了一圈，有一天坐下來的時候，發現肚子上的釦子好像要爆開了，這才意識到事態嚴重。

這暴露出時間管理和身體管理的雙重失敗，但有個奇怪的現象是，越忙碌的人越會抽出時間鍛煉，他們早上起來游泳，或者晚上回來跑步，相信大家都曾看過介紹華爾街那些金融男身材的文章吧。

是的，這個社會顏值就是那麼重要。袁姍姍被黑了一年，兩條馬甲線就可以讓路人轉粉，甚至黑轉粉。大家沒有耐心去慢慢發現你的優秀內在，身材和顏值就是你的包裝，包裝不行，別人就沒有打開的欲望。這和年齡沒有關係。

肌膚目前還緊緻、臉上有蘋果肌的，恭喜你還年輕；肌膚鬆弛了，就用肌肉來保持健康的曲線，不一定要腹肌分明，但至少脂肪比例不要超標。邁開腿，管住嘴，是保持身材的聖經，卻幾乎違背人性。就看你更注重長期的美體，還是貪念那一時半刻的美味。

這樣一想，肥胖的人是不是缺乏戰略性思考的長遠眼光，只在乎曾經擁有，不在乎天長地久？所以公司高階主管或者有領袖氣質的人，大致上都不會太胖，因為這真的會暴露很多個性上的不夠優秀。

執行力才是一切，其他都是扯淡

在哈佛大學和留學生朋友聊天，哈佛商學院的程博士那句擲地有聲的話，我至今依然記得。他說：「我分析了那麼多案例，看了那麼多企劃，總結最重要的就是執行，其他都是扯淡。」

執行有兩種，一種是你想明白了，就捲起袖子幹了；另一種是你還沒徹底想明白，但你覺得不這麼做以後一定會後悔，就幹了。

馬雲也承認當初做阿里巴巴的時候，做夢都沒想到會成為現在這樣。別裝了，大家都不是什麼聖人，這個世界沒太多真正的智者。我們都是摸著石頭過河，只不過有些人一不小心上了岸而已。

網路時代三個月就是一年，產品和趨勢更迭的速度，簡直就是三星的那句廣告詞：「Next is Now」。一年前營運的公眾號訂閱量能達到十萬，你今天花同樣的時間再營運一個試試看？

別鬧了。很多時候就是要先開槍再瞄準，子彈會長眼睛，過程中再調整方向。無論如何有個大致方向，先射出去再說。

構建了公司未來美好的藍圖，畫了一塊巨大的蛋糕，你沒有執行的刀，都是吹牛。所以在開會時說最多的話是：「怎麼落地，怎麼執行，什麼時候開始？」如果你真的想做一件事，現在就開始。

不要給自己設限

「不要給自己設限。」這句話應該是李開復老師說的，現在想來也挺有道理。

因為現在這個世界沒有什麼是穩定的、絕對的、不變的、理想的。擁抱變化，及時更新並享受學習的樂趣，或許才是這個時代的主旋律。

我有時候都分不清自己的身分，搞金融的，辦教育的，半個自媒體人，在跨界中遊走。有些人覺得分散精力了，不夠專注。但是我知道，其實這些都是相連的，每項能力都有一個釋放的平台，構成完整立體的自己。單一的價值，終究顯得單薄。

所以不要一開始就說，我覺得自己不適合做這個，我的性格適合做那個。很多你以為喜歡或適合的東西，當真正踏入該領域時，可能才悲劇地發現，以前覺得是個光環，其實是個坑。說白了，你其實並不瞭解自己。

王爾德說：「只有淺薄的人才瞭解自己。」

而贊同奴隸社會的李一諾說：「請忘記你的專業。」

你以為做投行的天天滿世界飛像在巡迴演出，每天進出高檔酒店就是他們生活的全部嗎？不，你沒看到底層分析師天天做模型的辛苦。而且每天飛來飛去和每天坐辦公室一樣，只不過是換了個移動的辦公室而已，都會膩的。

我認為很多抱怨的人往往是缺乏對世界的認知，所以會只因為一張拍攝角度不錯的照片，就要情定聖托里尼；僅僅是一份看上去還算體面的薪水，就要獻身某項行業。

多去看些不同的風景吧，你才不會迷失在別人的朋友圈裡；多去接觸不同行業的人，才不會被人一眼看穿。至少在面試的時候，你總得看起來很聰明吧。

有了眼界就有了格局，才會逐漸找到自己的方向，不管是世俗親民派的，還是情懷理想派的。一個在我看來明明可以靠臉，卻偏要靠才華的朋友和我說：「我現在這麼辛苦工作，就是希望將來可以在香港的馬路上，開一輛屬於自己的保時捷跑車。」

挺真實、樸實，至少他很清楚自己想要什麼。

關於原始積累、審美和文字表達

人在同一個維度下待太久，真的不是什麼好事。撕裂般的成長也許痛苦，卻能迅速吸收能量，看似在跨界，其實是重生。

馮唐在他的公眾號上發了一條狀態：「忙成狗」。

我心有戚戚，回覆：「我也是」。

這段時間的工作狀態，可以用「忙瘋了」形容。前文中的《關於職場素質的四點思考》，總覺得沒有寫完道盡。念念不忘，必有迴響。補充三條，純粹個人三觀。

請儘早完成自己的原始積累

這個原始積累並不一定侷限在金錢，經商的可以理解為財富積累，走仕途的可以理解為加官晉爵，其實都是一種資源的積累。踩在這項資源上，你可以登上人生另一個維度，看到更遠的風景，獲得更大的格局。

拿財富積累來說，月入一萬和十萬絕對不只是十倍收入差距那麼簡單。因為在以「財富」為尺度的衡量下，很多無形的價值也會成倍地放大。你會更加吝惜自己的時間，換句話說，就是時間變得更值錢了。以經濟學角度來說，投入和產出比相符才會幸福。現在時間的價值放大了，期待一定會更高，所以才有資格說把時間「浪費」、「虛度」在美好的事物上，正是因為時間的價值成本，這些美好的事物才顯得真的很貴。

不夠富裕會消耗一個人的時間和精力，容易侷限在生存的格局裡，導致眼光不夠長遠也是事實。財富的快速積累，可以讓你更快地到達自己原有圈子的那條邊界線，上升一個維度。以前看的是工資收入，現在玩的是資本投資；以前思考戰術的執行，現在更多考慮戰略的調整。

論財富的多寡和人生幸福的關係，世俗的人在吶喊，說要哭也要在BMW車裡哭；文藝的人在搖頭，說其實並無多大關係。但可以確定財富能讓人更獨立、更豐富、更自由。

比方說我現在扮演的香港保險理財、海外教育、自媒體等幾個角色，保險理財的業務不錯，收入也穩定，維持目前還算體面的生活；海外教育是個人理想，因為沒有一定要短期盈利的生存壓力，就不需要急功近利，可以精耕細作，做好口碑、做好品牌；至於自媒體，就更不需要考慮商業化了，它是自己一個豐富獨立的精神世界。

有多少自媒體和公眾號一開始還在賣情懷，之後就畫風一轉，風風火火搞起代購了？倒不是說這樣一定不好，大家都是為了生存，誰都不容易，只是覺得有些可惜。

提到原始積累的重要性還有一個關鍵字，就是「儘早」。這裡不談急功近利，也不扯什麼厚積薄發。我的體會是，人生在同一個維度下待太久，真的不是什麼好事。

其實在固有的圈子中達不到「厚積」，某種程度上和溫水煮青蛙並沒有太大區別。撕裂般的成長也許痛苦，卻能迅速吸收能量，看似在跨界，其實是重生。iPhone 每年都要更新一次，何況人生。又想提那句諮詢界的老口號了：「up or out.」（晉升或出局）。這種制度很殘酷，卻也是必須的。老升不上去，對自己、對公司都不利。

越來越相信一句話：「從0到1是慢的，但從1到N就很快了。」這句話適用很多場合，而原始積累就是從0到1的過程。這一步是難的，但在快速更迭的時代，知識的價差只會越來越大，所以我們真的需要走快點。

論提高審美的重要性

審美能力有多重要呢？太重要了。審美能力有多缺呢？太缺了。

我在國內當了幾年老師，發現國內中小學的教育，太強調「學好數理化，走遍天下都不怕」，到後來外語等學科開始熱門，卻幾乎沒有美學教育。學校統一的髮型和毫無設計感的寬大校服，簡直把青少年的美學啟蒙扼殺在萌芽階段。北大校長蔡元培一直在奔走呼喊美學教育的重要性，真的很有道理。

美學的概念很抽象，它的外在形式是品味、修養，對這個世界更豐富和高層次的認知，以及給別人更舒服的感覺。

他們會注意自己的穿著，不必多貴卻懂搭配，追求質感注重細節。他們不會不修邊幅，因為無法接受粗糙的自己，或是在別人心裡留下負面印象。他們會把自己活成一首詩或一幅畫，濃豔或素雅各有自己的風格。他們會尊重別人克制自己的表現，越是有才越是謙虛。

有美感的人，他們的眼神充滿了靈氣和故事。說白了，現在真正缺錢的人並不多，缺的是能深度審美的人。家財萬貫和八塊腹肌，還真不好說誰更有吸引力。在未來，大家可能會更多唯心，更少唯物。審美能力，是品質生活的底色。

上一段感覺略有雞湯之嫌，再拿自己舉個例吧。我在上海外灘辦了一場自己的讀者分享交流沙龍（在此真心感謝那天冒雨前來的小夥伴們，內心暖暖的）。獅子座的我一直有著處女座的焦慮，希望整個活動檔次是高的、品味是有的、腔調是足的、細節是無可挑剔的。於是想著衣服應該怎麼搭配算是正確，PPT怎麼呈現才是到位，攝影拍照怎麼打光才是和諧，活動流程怎麼設計才能讓使用者體驗最好等等。

都是審美的學問，太有挑戰了。這就像是木桶理論，唯有各個板面都做好，整個活動才算好。其中任何一個細節有短板，就拉低了整個氣質，回饋一句，也就那樣而已。

現在反思那場活動，真心感覺自己有好多環節做得很粗糙。很多東西真正要用了才感到匱乏，需要長期的修煉。

盡可能用文字表達一些東西

這個世界越來越快，以後只會更快，不幸的是，這意味著被遺忘得也更快。沒有什麼是不朽的，過了這一站，我們便不再見面。

會說的人越來越多，會寫的人越來越少。因為這是一個碎片化的時代，所以一百四十字的微博取代了部落格；所以厚厚的經典著作註定越來越難賣；所以兩個小時裡多次讓觀眾又哭又笑的電影能大賣；所以一篇文章標題的重要性，有時甚至超過內容。因此文字的表達，在這個時代才更彰顯其價值。

第一，文字能留存。說過的話，下一秒飄散在空氣中，不能累計；文字不同，它一直在那兒，安靜著。十篇文字，展現一套思想；二十篇文字，塑造一個形象；五十篇文字，記錄一場歲月。文字是個人品牌最好的宣傳，勝過肩揹名牌包包，勝過手戴百達翡麗。

第二，文字更考驗邏輯和條理。會寫字的人，看世界更加細膩、看人性更加通透，能直擊內心的文字，前提一定是入微的觀察和理解。

只要不是靠寫作來謀生，對於任何行業來說，能用好的文字表達，一般都會帶來意想不到的收穫。

諮詢行業的人生職能

做諮詢的有個說法叫：「up or out.」。意思是如果你做了一段時間還不能提升的話，就要走人了。

你喜歡一座城市，也許是因為她繁華的夜景，道地的美食，甚至是她牽動世界的脈搏。但只有那座城市的人，才能成為你真正愛上她的理由。因為在不經意的轉角，你會看見原來那些只出現在媒體、書上，或者只在你腦海裡想像的人，也許就出現在你的生活裡，以驚豔的姿態和你問好。

由於剛租了房子需要添置傢俱，偶然在系所裡的公告欄上看到出讓的資訊，便試著打電話過去問能否看一下傢俱，對方嗓音清亮，精神又不失溫軟，我們約晚上九點她下班後在她家樓下見面。

那一刻我不會想到，即將見到的是心中一直幻想的女神級人物。見到她的時候她向我道歉，因為工作忙來晚了，然後就領我上樓。她的聲音有穿透力，臉上似乎一直透著開心的明亮，眼神乾淨有故事，舉手投足間散發出女性的優雅和真實。和她聊天很舒服，但同時也能隱約感受到她內在的氣場和能量。一個可以獨自承擔兩萬多月租的人，應該有著不一樣的職業吧。終於聊著聊著，我問起她的職業。

她笑著說：「我是consultant，做諮詢的。」

我心裡頓時一亮。我一直覺得神秘卻苦無機會認識的有兩種人，除了做投行的，就是做諮詢的了。

「哪家諮詢公司？」

「BCG（Boston Consulting Group，波士頓諮詢公司），你可能沒有聽過。」

怎麼可能沒聽過，BCG和McKinsey（麥肯錫）是我心目中最好的兩家諮詢公司好嗎？我雖沒吃過豬肉，但還是見過豬跑步的。

接下來的時間，我完全忘記來她家的初衷，只剩下關於諮詢界的各種傳聞和眼前的女孩，不，是女人——她簡直就是我的自由女神啊，頭上頂著七彩的光環，亮瞎我雙眼。

她叫Michelle，在國內上大學，工作兩年後去國外念MBA，然後在當地一家公司就職，三年前被獵人頭看中引薦到香港，加入波士頓諮詢——這簡直就是經典的諮詢職業生涯路線。

由於她近期工作重心在上海，我厚著臉皮執意要請她去比較平民的地方吃個飯。（請原諒我是真心請不起米其林三星餐廳啊。）她咯咯笑著說：「好呀。」

第二天我們在附近一家港式餐廳吃飯，她一直都沒有架子，穿著有一種不經修飾的隨意，說話也特別真實。她說自己是誤打誤撞地進了諮詢業，其實她並不是太熱衷這樣的工作方式，套她的話說，她想活得更輕鬆點。

她說自己經常工作到晚上十一二點才下班，而且這還算是早的，很多同事會通宵做專案，她笑著說自己還算適合做諮詢，因為身體素質還可以。她說做諮詢排計畫表經常只能排一個星期以內，因為你也不知道下個星期自己會在哪裡。

「所以我經常週五回到香港，在香港過個週末而已。」

我說：「那妳的人生豈不是很豐富了？」她笑著說：「是呀，有點豐富過頭了，所以現在想安定下來。」我問她諮詢業的職業規劃是什麼樣子。

「做諮詢的有個說法叫 up or out，意思是如果你做了一段時間還不能提升的話，就要走人了。每年BCG都會有一〇％至二〇％的淘汰率，離開的人可能去一些二流的諮詢公司或是轉行，不過做過諮詢的人工作還算好找，因為懂的比較多。」

她說話的語氣依舊明亮溫軟，聽的人腦海裡卻是一片腥風血雨……。

我說：「那妳豈不是很厲害？」

「可能我運氣好吧，哈哈。」她說得很輕鬆，但我相信，生活只有對內心率真強大的人才是齣輕喜劇。

之後我幫她搬運了一些要帶走的箱子，她留下好多帶不走的高品質家用品，替我省了好多錢和心思（好人一生平安）。尤其是一把帶有藝術氣質的椅子，跟著她從紐約來到香港，頗具紀念意義。她說這把椅子有歷史感，我說我會續寫傳奇，哈哈哈。

也許這就是香港的魅力，雖然住的空間只比內地家裡的廁所稍微大一點，而且租金還貴；雖然每天吃的都是雞排豬扒雞腿叉燒而且還貴，逼得自己只能在家開伙；雖然每天去上班或上學的地方要轉幾次車，暴走好幾站還得頂著低緯度的高溫；雖然在這座城市中生活有著各種辛苦矛盾和掙扎，你一遍遍地抱怨這個那個，卻終究有許多人不曾離開……。

因為這座城市太有意思，她孕育著你看得到或看不到的無限可能性，你不知道下一秒出現在電梯口和你打招呼的人來自哪個國度，也不知道你身邊的鄰居一直過著你想過卻從未接觸到的生活，你甚至沒有意識到給你上課的老師或身邊的同事，是來自你一直嚮往的全球頂尖學府。同時你也看不明朗自己的未來有多少可能性，藍圖究竟有多大。

你能做的，也許是憑著努力和堅持，在看不到未來的今天，堅信可以到達明天，在這個每天都上演著不同戲碼的城市，相信終有一天，能用輕鬆美好的口吻談笑自己的人生。

外行人眼中的諮詢世界

他們經過看過的案例多，而累積的行業經驗和戰略眼光，正是純粹搞實體企業的人無法逾越的瓶頸，也就是說，他們看到的天空更大。

一直不明白，市面上講金融的電影不少，談諮詢的卻幾乎沒有。金融業影視作品中，尤其描寫投行類的，一抓一大把，可能是因為這個行業黑暗元素比較齊全——金錢和肉體、信任和欺騙、正義與利益、人性與誘惑。

所以才會像《華爾街之狼》裡，李奧納多一擲千金為女友買遊艇還得意忘形地以她的名字命名；或像《華爾街：金錢萬歲》裡，麥克・道格拉斯出獄後又開始呼風喚雨坑人拐騙；又像《黑心交易員的告白》裡凱文・史貝西趁著大眾尚未發現真相之前，把手頭的垃圾金融衍生品吹噓勸誘給下一個接手的人，保全自己，別人卻破產。

說白了，在電影裡金融只是個載體，錢、性和欲望的交織才是賣點，不斷挑逗著大眾敏感的神經，時不時衝擊著內心脆弱的防線。但是卻少看到談諮詢的影視作品。

倒是有一部美劇叫《謊言堂》，只不過唐．奇鐸看著就是一張老實好人臉，再加上一副炮灰氣質，好像隨時都準備替老大擋子彈下一秒就要掛掉的模樣，怎麼看怎麼不像是搞諮詢的啊。腦海裡做諮詢人的形象應該是《型男飛行日誌》裡的喬治．克隆尼，或者是《大法官》裡面的小勞伯．道尼啊，是吧？

難道是因為諮詢這行業單調嗎？因為諮詢的工作方式枯燥嗎？

來香港後，對於諮詢的熱情再一次被點燃。雖然過不上諮詢的生活，我看諮詢的書總行吧？朋友M建議我要看就看英文版，這樣才能瞭解專業術語，然後拋來一個鄙視的眼神：「你不是學英文的嗎，看什麼中文版呀？」

這怎麼能忍？於是在網路上下載了《麥肯錫思維》、《麥肯錫方法》、《麥肯錫工具》三本書的英文版。好在寫書的哥兒們不是學者出身，基本上是用口語在寫作，比起以前看的文獻類輕鬆不少。

大略看完後，腦子裡就一個感覺：書裡講了一堆正確的廢話。例如書裡提到的

MECE（Mutually Exclusive Coll-ectively Exhaustive）分析法，講的不就是把大問題分解成幾個小問題，大目標分解成小目標嗎？書裡教你如何做有效會談或報告的技巧，但這不就是我們學的認知心理學和行為心理學嗎？還有如何建立解決方案和制定步驟之類的，怎麼看怎麼像當今流行的大數據分析啊。

最後得出的結論是，要嘛就是我沒看到真正的諮詢好書，或者寫書和真正做事本來就是兩回事。

比起這個更令我困惑的是，提到諮詢公司，尤其是麥肯錫或波士頓這種食物鏈頂層的，大部分工作是幫企業，也就是他們的客戶，解決無法解決的真正問題，例如公司的營利瓶頸、未來戰略，或者最近很紅的傳統企業網路轉型、O2O等等。

你說人家在這個行業幹了好幾年都沒想出辦法，結果一群沒有辦過企業、沒有實戰經驗的諮詢空降兵，在企業內部一頓整理，調研採訪，提出假設，幾個月內就知道內部發生什麼問題，並拿出一套切實有效的方法戰略，告訴你怎麼做就可以讓利潤提高多少百分點之類。然後以一個問題解決者的身分，拿走千百萬的諮詢費。

不禁感慨——憑什麼啊？

這讓我想起有檔有節操，卻無情懷的女性類脫口秀的廣告宣傳語：「我經過見過的男人多，我講給你聽；我經過看過的事情多，我演給你看。」套用到諮詢業，能否理解為他們經過看過的案例多，累積的行業經驗和戰略眼光，正是純粹搞實體企業的人無法逾越的瓶頸？也就是說，他們看到的天空更大。

企業和公司不惜花大錢買他們的時間和智慧，因為他們真的很值得。

說起諮詢的工作方式，我覺得詮釋得最好的，就是喬治．克隆尼在《型男飛行日誌》裡飾演的 Ryan 講的那句反諷台詞：「All the things you hate about traveling...... are warm reminders that I'm home.」（你在旅行中不喜歡的所有事物……都為我帶來家的溫暖。）

他們的手機行事曆有滿滿的計畫表，卻不知道自己會突然被派去哪裡。有時旅行箱都不用打開，就直接飛往下個城市。白天開完各種會做完報告，來不及小憩一下就匆匆趕往機場。頻繁的飛機誤點帶不起任何情緒反應，只有麻木而嫻熟地打開電腦繼續辦公。

經常是夜晚凌晨的航班，在計程車裡差點睡著，半瞇著眼看到遠處喜來登酒店越來越近的紅色「S」logo，你感到親切，也許是在這個城市唯一的熟悉。酒店裡有泳池SPA和健身房，你卻沒有時間享用，一個人在房間裡打一通又一通的諮詢電話，或回覆著比微信聊天訊息還頻繁的 E-mail……身體被行程推著走，不願思考下一站，只想好好睡一覺。

M說，平常聽到很多人在抱怨自己工作多累時，她只有無語地在心裡苦笑一下。

很多人羨慕他們天天飛得好灑脫，實際上，只有他們自己知道雙腳有多麼渴望接觸下面的土地。

但即使是這樣，誰也不能保證你不會出局。諮詢界 up or out 的企業制度，一方面提供相對公平和快速的晉升平台，卻也帶來無所不在的職業風險，從最底層的經理到頂層的合夥人，沒有完成任務指標或專案失敗幾次，都可能要做好捲舖蓋走人的準備，哪怕你的表現之前一直都很好。

如果你很聰明，就證明給大家看，並且要一直聰明下去。

我有時候會想，在內地的事業或公務員編制體制內的小夥伴們，當你抱怨工作太穩定，才華被埋沒的時候，不妨問自己兩個問題：第一，你有一顆強大的內心能夠承受隨時可能被炒魷魚嗎？第二，捫心自問以自己的能力，真的能在外面的殘酷世界存活下去嗎？

更殘酷的是，現在所謂的「鐵飯碗」概念逐漸被打破，所謂穩定行業的風險也變得越來越大。

大公司的組織結構在崩壞邊緣，一個行業說顛覆就顛覆，「穩定」這個詞也許不屬於這個時代吧。

這確實是一個最好的時代，也是一個最壞的時代。

因為在這個時代，沒有人絕對安全。

麥肯錫想招什麼樣的人

麥肯錫需要員工具備解決問題的能力，
這就是大前提。

前幾天有幸和負責麥肯錫中國區招聘的 Mike 聊聊。兩個世界、兩個時間、兩個空間，根本不在同一維度的兩個人，居然有著共同的朋友肖老闆，感慨世界太小，緣分太妙。幾句寒暄之後，他透露麥肯錫對應聘者素質的一些要求，說白了，就是麥肯錫想招什麼樣的人。我一聽來勁了，說你別著急，我先準備一下！

我特別殷勤地打開筆記本，正襟危坐，眼裡散發著求知若渴的光，等待被智慧的金水沐浴靈魂。嘴角差點流出口水，彷彿下一秒就要去咬那一根智慧的骨頭；十個指頭上下微彈著鍵盤做起熱身，彷彿百米衝刺的運動員等待著槍響，迫不及待要在鍵盤上敲出最睿智的金句。

那狀態，就算是第一年當研究生聽課時也沒那麼認真過。

Mike 在電話那頭嗓門一出就收不住，語速飛快、思維跳躍又邏輯縝密，也不知道是被麥肯錫訓練出來的還是天賦異稟，好像穿著精緻華服的CBD金領，手上拿著咖啡，腳步飛快而優雅，咖啡還能不灑出半滴。對，就是這種感覺。

而我在這頭也是群指亂舞，鍵盤被敲得又脆又響，那一刻，真是最動聽的節奏。

好吧扯遠了，那麼他講了些什麼呢？我做了筆記，加上臨時的記憶整理，配上自己拙劣的語句串聯，大概是以下幾點，只需意會，無須較真。

具有企業家精神（Entrepreneurship）

這個詞很大，聽著既抽象又空洞。什麼是企業家精神呢？說白了就是開拓進取的精神。不怕髒不怕累、不退縮不膽怯，不達目的不甘休。

麥肯錫作為全球最有名的諮詢公司之一，就是要幫助企業在短時間內找出毛病，提供策略解決問題。中間肯定會碰上很多問題，例如溝通、執行、方案等等。對身體和腦力都是巨大的考驗和摧殘，必須具備企業家精神般百折不撓的毅力。

領導力（Leadership）

不僅僅是麥肯錫，其實諮詢業的專案都是由團隊一起完成，不可能單打獨鬥。在團隊合作的過程中能否人盡其用，激發團隊士氣凝聚向心力，監督工作如何賞罰，都在考驗領導藝術。

即使不是專案負責人，也要用領導的思維思考，因為以後總要獨立負責專案，除非走人了或是一直升不上去。團隊不行，專案做不出甲方要求的方案或者效率不高，作為團隊領導者就有職業污點記錄了，以後需要很長的時間和業績才能慢慢洗白，或是乾脆沒機會洗白了。

其實這兩點我聽完後並不大感冒，因為現在企業發展論壇，甭管什麼博鰲和亞太，企業家張口閉口就是「我們不僅僅要賺錢，更重要的是要有企業家精神」；頂級名校在演講招生時，一定說「我們要的學生不僅學習要好，更看重個人的領導力」（其實還可以看他老子給學校捐了多少美金）；留學寫個人自傳的時候，必然是要寫「我不僅是個學霸，還是個有領導力的人」。

雖然聽膩了說爛了，但外企招聘確實希望你在履歷上能突出這兩方面的素質。

個人影響力（Personal impact）

怎麼體現個人影響力呢？比方說你能否和客戶進行有效的溝通，讓他們理解甚至為你的想法付費，也就是 communication skills（溝通技巧）。能否用你的個人魅力整合你想要的資源，推動專案的進程。

解決問題的能力（Problem solving）

這三個能力之下有一個大前提，最重要的基礎就是看你有沒有解決問題的能力。

什麼叫作解決問題的能力呢？這又是一個高度抽象的概念。是指你有沒有整體感和細節感，又叫綜觀和微觀，能把看似不關聯的東西串在一起，觀察到別人沒有看到的景象，找到問題和答案之間別人沒注意的連結點，解決問題。聽起來有點哲學和形而上，但又覺得是這麼回事，難怪進諮詢公司的一個大前提就是人要夠聰明。

We don't truly care what your background is, but you've got to be very smart.（我們並不真正介意你的背景，但是你一定要夠聰明。）

其實 Mike 講的那幾個素質，我聽著特別耳熟，去年我特別熱忱地讀了麥肯錫員工寫的《麥肯錫思維》、《麥肯錫方法》、《麥肯錫工具》三本書，裡面也大量提到麥肯錫人解決問題的思維方式，說到他們最明顯的特質，就是看待眼前和周圍的世界都是有問題的，老想著怎麼去解決。例如：他們吃飯時會想著餐廳應該怎麼營運才能提高翻桌率、增加利潤，控制成本；看一本雜誌提到某家航空公司虧損了，他們就會有一套模型去分析為什麼和怎麼辦，如何增加利潤、控制成本；在商場洗手間排隊時就會想著如何分散人流，增加蹲位，提高使用效率。

好像這樣可以訓練出解決問題的思維和能力，正如一篇文章說，做諮詢的人都是偏執狂。但也不全是，我認識的都特別正常、特別健康，他們只是比我們大腦更加聰明，工作更加認真而已。

比你聰明的人比你更努力，你還在原地踏步嗎？

那三本書裡還講了一些特別有意思的理論，比如說它裡面講到麥肯錫「how to sell without selling.」（如何無招勝有招）是怎麼做客戶的。

「We don't go out to knock on doors. We wait for the phone to ring. Not because we sell, but because we market.」（我們從來不去敲客戶的門，我們只等著電話鈴響。因為我們不叫賣，我們是在做市場。）

一個是買方市場，一個是賣方市場。真正厲害的就是明明是乙方，卻擁有甲方的姿態、氣場和實力。

書裡還有一句話令我印象深刻：「Consulting isn't about analysis; it's about insights.」（諮詢不是分析而已，而是洞察力。）

我信。是的，就是洞察力，如老鷹一樣敏銳地觀察身邊的世界。諮詢公司人的時間是很貴的，買的就是與別人不一樣的洞察力，也就是英文裡常說的「Think outside of the box.」（創造性思考，打破常規。）

我也許不會成為一個諮詢公司的人，但是我希望自己能擁有一顆諮詢人的頭腦和偏執狂的心。

為什麼我身邊的高管朋友都出來創業了

大咖出來創業是這個時代的必然性，但並不一定適用普通大眾。在網路時代，所有的資源都會向他們靠攏，他們的價值會因為網路而呈現幾何倍數的放大。

十一月的香港，今夜才開始覺得是這個季節應有的寒意，在襯衫外面套件西裝外套正合適。晚上七點 Effie 剛剛下班，我們離開燈光還亮敞著的辦公大樓，穿過灣仔特有的紅燈區，上告士打道二樓的一家湘菜館，裡面依然擁擠、依然喧嘩、依然熱氣騰騰。

距離上一次見面有四個半月了，那時還是夏天。我們一邊吃飯，一邊相互匯報著近況，她突然和我說：「我下個月就離開華潤，辭職了。」

我又一次詫異：「真的假的，準備去做什麼？」

「一家網路金融公司，CEO是我的狐朋狗友，希望我過去和他一起做。」她的表情顯得很淡定。

這是過去三個月來，第三位我身邊的商業高管大咖，離開帶著光環的職業和薪水，挽起袖子開始創業了。

第一位是Mike，麥肯錫的資深HR，負責整個中國區的招聘，之前在摩根史坦利工作。今年九月的時候還在上海麥肯錫的員工餐廳一起吃飯，我和他說：「Mike，像你這般資質的HR，這麼熟悉職場招聘素質和職業規劃，全中國有多少人希望能聽到你的職場分享和指點呀？你知道我這次能和你吃這頓飯，感到多榮幸嗎！」

他哈哈大笑說：「是嗎，別別別，沒那麼誇張。」而我在上海舉行讀者分享會，會前一周打了電話問他在不在上海，想邀請他做嘉賓，他說他現在已經離開麥肯錫，自己出來做了。太突然了！

第二位是Sharon，芝加哥商學院MBA，科爾尼諮詢（A.T.Kearney）的高階主管，之後被馮唐團隊挖來，一路做到了總監。前段時間也突然和我說她準備辭職，現在自己帶著孩子做海外教育留學，還成了我的商業合作夥伴。我真是受寵若驚，只記得那天港島的陽光，特別美好。

再到如今的 Effie，他們職業軌跡的突然改變，讓我思維混亂，無法招架。因為我當年渴望的，就是成為像他們這樣的人。

我問 Effie：「為什麼？」

「可能覺得自己還沒老吧，還能折騰下。」她聳聳肩，瞇著眼睛笑笑說：「我們上次見面是在七月份吧，這四個半月你覺得過得怎麼樣？」

「的確挺充實的，感覺每過兩個月，就和以前有些不一樣了。」

「對呀，但我差不多一樣，還是忙那些事。雖然看起來好像光鮮，但是我知道是時候改變了。」

好像這個理由還不足以說服我，於是我問：「那薪水呢，妳現在一年已經是這樣的薪水了，他們能給更多不成？」

「也沒有降薪水啦，但是我拿期權。」

果然是期權，投資未來。

創業，真的是這個時代的G點。

從離開高盛投身滴滴打車的柳青，到前段時間離開央視轉向網路投資的張泉靈，一個個大咖華麗轉身，我也許並沒有多大感覺，畢竟這是一個新時代，呼喚英雄，需要偶像。但這段時間身邊朋友都一個個棄船游泳了，確實讓我思考現象背後的邏輯和普世性。

畢竟高潮過後不一定收穫滿足，也許是失望呢。大咖出來創業是這個時代的必然性，但並不一定適用於普通大眾。

網路最明顯的兩個特徵就是即時性和全球性，你的一個聲音上了網路的光速公路，理論上下一秒就可以被全球所有人聽到。這是無與倫比的傳播效率，但也帶來問題，聲音太多太容易被埋沒。沒錯，每個人都是自己的品牌，但是當每個人都是品牌的時候，其實就沒有品牌了。

人們的注意力被大大分散，在精力有限的情況下，一定會選擇那些有光環、有內容、有乾貨、值得關注的人和事。於是那些背景閃亮、知名度高、有能力的高管或大咖們，這個時代所有的資源都會向他們靠攏，他們的價值會因網路而呈幾何倍數的放大，無可避免地把他們推上舞台。

他們是被歷史選中的人。

大咖們在這個時候選擇出來創業，當然不是說之前的平台不好，他們已經到達萬人仰視的高度，已成人生贏家了。之前「高大上」（編註：高端大氣上檔次的網路略稱）的平台已為他們積蓄了一股巨大的勢能，網路只是打開了那道洩洪的閘門。

對我們普通人來說，雖然這個時代在提倡「大眾創業，萬眾創新」，但是忍不住潑個冷水，大咖們多半會起來，普通人多半會被淹沒。我們的生活可以做小創新，但是儘量別做大手術。人家辭職是有資本的，每一筆帳都算得清清楚楚。

另外，我算是現場見證了，這些高管們真是一批執行力超強的人。很贊同一個理念：「網路時代，三個月就是一年，七年就是一生。」後半句是李笑來老師說的。

很多事情你如果想明白了，不立馬做就一定會損失一開始的紅利期，藍海會迅速變成紅海。很多公司倒了，並不是它們的產品不好，而是跑得太慢了。比方說微信公眾號的紅利期都已經快關閉了，你才想要開一個寫起來。對不起，不是你不好，只是你來晚了。

所以很多事情並不是完全準備好了才去做，一方面時間真的來不及，而另一方面說白了，永遠沒有完全準備好的時候，別騙自己了，好嗎？

我又問 Effie：「但妳是搞諮詢和投資的，網路金融似乎和妳的經驗不是很配對。」

她說：「我認為能力比經驗更重要。有能力的人會馬上學習，彌補經驗的不足。相反的，只有經驗卻能力差的人容易產生偏見和固執，並不一定是好事。」

為什麼他們會成為行業的高管和大咖，不是沒有原因。對趨勢的預測遠遠大於對專業的執著，即使不能成為風口浪尖上的人，也會順應浪潮而動。

飯後散步回家，分開的時候我說：「Effie，妳真是蠻有勇氣的。」

「沒有啦，那你當年不也從體制內出來了嗎，哈哈。」

我們各自散去，我坐在雙層巴士的上層，望著這座叢林般的城市和不夜的燈火。香港的樓很高，但遮不住蠢蠢欲動的心。

當時間越來越不夠用的時候

吳曉波說：「我的時間是很貴的，
要浪費在美好的事物上。」

如今自己做著香港投資理財和海外教育兩個專案，面對的是整個中華區巨大的市場和競爭。每天的行程愈發充實，愈發感到時間的匱乏。把時間當作一個專案，砍掉成本，提高使用效率。時間的精細化管理，已經成為自己最在意的問題。

時間，是這個時代最大的匱乏。

網路時代有個達成共識的理論：「三個月就是一年」。發現一片新興的空白市場，迅速開始佈局，拉天使、給補貼，A輪B輪C輪開始瘋狂燒錢，比誰錢燒得猛、燒得快，燒出一片全民狂歡的新用戶習慣。投資人說，當時「滴滴」和「快的」在燒錢搶市場，最瘋狂的時候每天平均要燒掉一個億，心在流血，肝在顫。

看懂了商業模式，接下來就是和時間的瘋狂賽跑，誰最快跑過終點，宣佈拿下行業用戶數量第一，或拿到六〇%的用戶量時，遊戲便已結束，其他資本撤場，留下一地雞毛。一場零和遊戲，燒著真金白銀，只為換來寶貴的時間差價。

這個世界變得越來越精彩，網路商業這般廝殺，目的都是為了爭取用戶寶貴的注意力，也就是關注的時間。

所以雖然事業還在做加法，人生卻開始做減法，拒絕的次數開始比答應的多；開始放棄那些無用的社交，只留下幾個愛好興趣和幾個懂你的人，有一兩個圈子可以分享，時間就會緩慢；開始懂得不用太花錢卻花時間的事，可能才是最貴的，比如陪伴父母和愛人，開始理解為什麼陪伴是最長情的告白。

終究沒有人可以真的成為電腦，同時處理好幾件事，我們的雙眼只夠盯一面螢幕，用「Command＋Tab」鍵切換事件的介面而已。

吳曉波說：「我的時間是很貴的，要浪費在美好的事物上。」他在上海演講兩個小時，現場能被幾千人聽到，網路上可以被幾十萬的讀者看到，這就是他時間的價格。

年紀大了，開始變得謹慎甚至保守，因為意識到最大的成本不是金錢、機會成本，而是時間成本——激進後，容易犯錯。割了時間的眼袋，也回不到當初的模樣。

錢進說：「這是一個燒錢的時代，一旦走錯就沒法回頭。因此戰略的正確性太重要了，戰略上有失誤，戰術再怎麼勤奮都無法彌補。」

因為再怎麼勤奮都無法彌補的，除了戰術外，更是在錯誤的方向上投入的時間。有些趨勢的形成就這麼幾年工夫，在正確的時間沒有做正確的事情，等意識到開始掉轉船頭的時候，對不起，你之前航行的那片舒適藍海已成了紅海，四周全是和你一樣的船隻。這樣就為時已晚了，所以你承擔不起犯錯的成本。

梁東在他的文章裡，提到他師從台灣的漫畫家蔡志忠先生。蔡志忠先生認為：「時間是個微積分的過程，如果一個小時值十元的話，半小時可能不值五元，十五分鐘連一元都不值，反過來看，連貫的十個小時已經價值幾千萬了。」他的時間累計理論，其實是指數級增長的價值倍增效應。

我特別認同蔡先生對於時間的解構，網路時代一天二十四小時除去睡覺時間，其他幾乎都被社交工具和任務清單支解，猶如一塊被擊穿的玻璃，碎了一地。比方說我定期更新文章的公眾號平台，最近更新的壓力越來越大，因為寫文章需要一整段的時間，一氣呵成思維、火花以及內心的衝動，集中在那一段時間裡釋放。新寫的幾篇文章，都是從香港飛上海或者從大阪回香港的途中完成的。

萬尺高空，當一切社交都失靈，只能和窗外的白雲為伴，或在寂寞的夜空蜷在角落寫文字，和自己說話。那一刻置心一處，有生命短暫的穩定，體悟禪宗的自省，也許能找到時間的歸屬。

電影《命中註定》裡，廖凡指著對面在修復藝術品建築的人，對身邊的湯唯說：「日復一日，每天幹著同樣的事，得多有勇氣呀。」修復建築的人或許也是在修復自己的內心，修煉自己安靜的力量。既然是修煉，需要拿出最寶貝的東西來做代價，除了時間別無其他。幾天、幾月、幾年，不斷地輪迴。有些東西，需要一輩子的時間去完成。

是不是一切偉大和感動的體驗，都隱秘在高尚的重複裡，注入了時間的精華，一次次把自己推向極致，至少已經無法接受原來的粗糙感。

精神自虐的快感，如處女座般不可自拔。

一切沒有解決方案的腦力激盪都是耍流氓

我不反對腦力激盪，但我堅決反對不接地氣的腦力激盪，這種虛胖的風暴過後只會留下茫然和失望，和流逝的那段口水時間。

前段時間在網上看了一篇文章，標題是：「不要拿我的時間腦力激盪，給我解決方案，好嗎？」當時還沒看內容，但光看標題就覺得內心不能更同意啊。也想跟著吐槽一下，表示強烈支持。

不知道你們有沒有發現，和團隊做專案或者和合作夥伴聊方案，聽到最多的就是：

「如果我們可以這麼做……那就很厲害了。」

「他們這樣做是有問題的，因為……。」

「我這邊資源很好，一定可以……。」

有些人滿嘴跑火車、有些人方案烏托邦、有些人雞蛋裡挑骨頭，一幫人唾沫橫飛地意淫著共同建構的理想國。在沒有真正執行前，說的都是廢話。

大家都喜歡說、喜歡討論，因為「說」沒有成本，不用負責。「說」可以秀智商、賣優越，其實和在朋友圈裡曬美好生活是同一種道理。而真實的生活，都是灰色的。

例如有些人說了一大堆的奇思妙想，說這個專案必須得拿天使輪和風投，A輪B輪開始融資燒錢，按現在這個市場行情三年內必須上市！等一下，先別談什麼上市，你一份正經八百的商業計畫書會做嗎？

例如有些人說別的公司做的APP簡直垃圾不能看，毫無審美觀可言。等一下，人家做得不好，你行你上啊，你怎麼不做一個出來呢？又例如有些人說別的團隊的方案我之前也想過，只是當時太忙沒有做。是啊，人家都已經做出來了，而你還在想。早幹嘛去了，你忙你有理啊。

現在世道，認真吹牛的人，多；踏實做事的人，少。有思想的人一抓一大把，有技能的人打著燈籠找不著。學歷多是MBA的，做個PPT缺乏基礎審美。好像當今的股票市場和實體經濟的關係，都在擁抱泡沫。

有人說，腦力激盪要傷筋動腦，實在辛苦。我不反對腦力激盪，但是堅決反對不接地氣的腦力激盪，這種虛胖的風暴過後只會留下茫然和失望，和流逝的那段口水時間。

這種辛苦，屬於假辛苦。

記得以前上高中的時候，語文老師要我們寫一篇作文，題目是做一件事究竟是看重過程，還是看重結果。當時很多同學都寫過程比結果重要，只要努力就好。彷彿像是說結果重要的，就顯得很功利、很世俗。

不看重結果的努力，在我看來那是文藝，是自欺欺人。這世上有多少人用所謂忙碌的狀態來撫慰思想的懶惰。在職場做事就是結果導向，就是那麼功利。

還記得之前問過麥肯錫的 Mike，麥肯錫在招人時看重哪項能力？他說是「解決問題」的能力，也就是提供真正有效的諮詢建議。光有建議還不夠，關鍵是建議是否符合對方的現狀，還有執行的可能性。高昂的諮詢費不是花在口若懸河上，而是假如真的執行這些建議要證明有效，能提高利潤或業績，是拿數字說話的。

所以和團隊一起做腦力激盪的時候，我一般會問以下三個問題。

第一，什麼時候開始落實？

有時方案並不完美，但迫於時間還是得挽起袖子摸著石頭過河，邊做邊調整。這其實沒什麼大不了，總比想了解各方面細節，最後連第一步都沒有跨出去要好。有多少次起先信誓旦旦地拍著胸脯，之後像什麼事都沒發生過一樣。當開始著手的時候，相當於車子終於發動了引擎，汽油開始冒煙了，時間和精力確實花在上面了才算數。

沒有開始做之前，再精美的方案都是扯淡。

在這裡我真的很佩服李笑來老師，今天剛說了一套別具創新的群眾募資方案，我都還沒搞明白意思，過了一段時間他已經宣告順利完成了，而且每天都能堅持寫一篇公眾號長文。這專注、這效率，為我等楷模，已經不是單純人格魅力所能解釋了。

第二，把時間表列出來

做專案時，一定要有 Time Table，也就是所謂的時間表，這簡直不能更重要。據說實現一個宏偉目標，方法是一定要以時間為軸，把大目標拆分成一個個小目標。

這麼做有兩個原因：第一，一個大目標就像一團毛線，放在你面前眼都暈了、腦都漲了，無從下手，容易被嚇跑。第二，大的目標離你太遙遠，可能需要漫長的時間才能完成，容易洩氣，堅持不到終點，因為人性需要不斷地刺激和回饋獎賞。

一堂兩小時的課，新東方老師都知道每隔十分鐘就要講一個笑話，好刺激一下同學即將游離的思緒。這是人性，必須要尊重。

一個大目標拆分之後的好處在於：第一，能清晰地知道這段時間的焦點在哪裡，指導現階段的精力投入方向。第二，只要這段時間努力了，就可以獲得清晰的結果，以及相應的回報和成就感，重新點燃疲憊的鬥志。

第三，Deadline 是什麼時候？

英文有句俗語：「Deadline Miracle」。意思是「截止日奇跡」，這是符合人性的。因為大多數人都有拖延症，做專案這種費神費腦的事，能留到最後交最好不過。不到最後腎上腺不會分泌，神龍無法召喚。但是說白了，很多事情真正投入和專注做的時候，所花的時間其實比原來所設定的要少得多。換句話說，給三天和給一個星期，其實效果是一樣的，甚至前者更有效率。

我團隊有個女孩寫文案非常優秀，以前當我有專案或企劃希望她寫出來時，她的回覆經常是：「好的，我回頭看看，這幾天寫出來。」然後這幾天，就不知道是幾天了。

直到有一次我和她發飆：「以後所有的方案，如果妳覺得有困難，就不要先答應接下來，我可以安排其他人做。假如妳覺得可以做，就給我截止日期，在那之前做出來，不要因為妳一個人而耽誤整個專案的進度。」

我很喜歡聽到這樣的回覆：「這件事情我想想怎麼弄，在明天下午六點前給你回覆（或把方案初稿給你），可以嗎？」

這才叫專業，聽著踏實。

所以公司花錢招你進來，不是來聽你指出問題，而是要解決方案。老闆拋出問題A，有人不能解決A，過不了多久就一定得走人；有人解決了A，覺得任務完成了，可以留下來；有人不僅解決了A，而且還提供了B和C，他不升職加薪，還有誰？

Chapter

2

天馬行空的開始

天馬行空的開始

很多人往往只看這個專業或行業的光環，以及看似繁華的結果，而忽視自己是否真正對這個行業感興趣、適合這個行業，有能力在這個行業做到專業。

開學的第一個星期，各種新鮮有趣。比方說地鐵和大巴的人一定是多的，不過大多在睡覺和看手機；比方說去上學是一定要暴走的，外面陽光灼熱被曬得像條熱狗，總誤以為還在西藏曝曬呢，進屋內十分鐘後就恨不得加件長袖，裡外冷熱兩重天。不禁感動，香港果然是個以人為本的好社會。

這個星期訊息量較大，每天都要做一大堆的行程安排，和內地生活有著不同的充實。剛認識香港的人時，都會被問到：「你覺得香港怎麼樣？」

我總是回答：「挺好的呀，因為在這裡每天都是新鮮和不同的。」

確實，至少到目前為止還是這個感受，每一吋皮膚的毛孔都在張開，觸覺聽覺視覺全變得靈敏，渴望紮進這座城市與她擁抱、渴望聽到不同的嘈雜、渴望接觸有意思的人。

先說說這裡的學校吧。

離我住的地方比較近的大學有香港理工大學、香港中文大學、香港浸會大學和香港城市大學。而我去學校的途中會路過城大，因此去城大旁聽課的機會比較多。

城大是個不能多去的地方，尤其對於女孩，定力不足者慎入。因為城大就在九龍塘地鐵中轉站，整個「又一城商場」就是它的大門入口。想要去上學就要穿過商場……是不是覺得有個巨大的陰謀？

僅次於IFC（香港國際金融中心）的香港第二大 Apple Store 特地把店開在學校入口旁，近百個蘋果員工統一穿著藍色上衣，制服誘惑，生意爆好，彷彿……不，就是赤裸裸的勾引。Calvin Klein 從內褲、西裝到便裝三家店分別在商場一二三樓，不一一列舉，反正有各種知道和不知道的牌子。

每次從城大門口出來，整商場的琳琅滿目衝擊著你的眼球，一定要問一下自己——你的夢想還在嗎，你的錢包是不是更瘦了？

去年來過城大，當時還不覺得這所大學有什麼特別。但是今年發現一個亮點，就是它的AC3教學樓，主要供商科和MBA課程教學用，因為剛建成整幢樓的現代感很強，裡面的教室很新自習室很多，冷氣溫度很舒服。

我的課大多在晚上，而城大的商科課大多在白天，而且往往早上九點就開始上課。所以這個星期我基本白天在城大聽商科，市場行銷、國際商務、公司法、人力資源管理、中國研究等等，不挑肥揀瘦，權當完善自身知識結構。然後晚上在浸會學自己的專業課，也覺得頗有意思。

在此不得不贊揚香港教育的開放性，學校或教授似乎也不介意別的學生來聽課，不過前提是你要知道上課的時間和地點，這樣才會更有針對性。可惜MBA的課都有門禁須刷卡，我只能隔著玻璃門垂涎。另外香港所有大學都給學生提供免費Wi-Fi，感謝Daniel給我的城大Wi-Fi帳號，讓我可以在學校或是聽課時能隨時上網，很棒。

浸會就在離城大不遠處，走路十五分鐘，也可坐「瘋狂」的小巴，五分鐘就到校門口。由於浸會是老牌學校硬體設施相對較舊，但室內冷氣的溫度卻比城大還低。當時還為學校的不夠現代而小失望，但是聽了一星期的課後，對於硬體和軟體有了不同想法。

關於這裡的課程和教授

因為新開學只聽了幾個自己專業教授的課，印象最深的是 Dr. Vinton Poon，由於年齡不大，和他站一塊都分不出誰更老，好憂傷。華人面相，港大畢業，愛丁堡博士，具體專業不明。

我原以為他資歷較淺，可能水準有限。沒想到他的思維超快，英語語速更快，總覺得他在講課的時候，大腦的發動機引擎有種要爆的節奏。枯燥的研究方法論被他講得風生水起，火花四濺。

相較於另外一個純美國教授溫文爾雅、酣酣入眠的節奏，他的課簡直讓人熱血沸騰！有次和他在課上交流，沒過三招，思維就已經被甩出幾條街，滿地打滾。而且他講到高興時往往忘了中間的休息時間，英文狂侃三個小時，我想他講的內容用文字記錄下來的話，每堂課都可以出本書了吧。

我開始覺得，學術能力的高低和年齡並不一定成正比。

而城大商科多為華人教授授課，從一張臉看不出來是內地還是香港本地人。除了教中國商務的一個女教授用一口不太道地的北京話授課外，其他均是全英文。既然講到全英文授課，不得不吐槽大多數本地教授英文不夠流利的事實。

他們講著很標準的港式英文，哈哈，總覺得他們也無奈，畢竟班上會有一部分國際學生。如果換成粵語講課，效果應該會更好吧。還好他們教的是商科，對英文要求也沒那麼高（果然是有比較才有感覺，頓時覺得自己專業教授的語言水準算是不錯的了）。

最有意思的當然是教授提問與學生互動環節，因為這是一堂課最有火花的時刻。我這個旁聽生還忍不住厚著臉皮參與了一下。有一次國際商務的課上教授講一個案例，突然問：「Does anyone know Merrill Lynch?」台下肅靜。

我突然想到港島的那幢美林證券大樓和前幾年看的次貸危機的書，於是大言不慚地起身介紹了一些關於這家公司的概況，還有二〇〇八年美國銀行收購美林證券的事。課後有同學來問我有沒有興趣加入他們的專案小組——咳咳，該怎麼辦呢？我只能回答我已經加入別的小組了。

聽了這些不同類型的課之後，我最大的體會是——其實很多專業課上的內容和你聽之前所想的往往有很多錯位，甚至學的東西可能根本不是你所想的那樣。

往深了說，你喜歡投行，但是你有可能不清楚投行到底要幹什麼、怎麼幹。做投行厲害的人往往是數學系的，而不是學金融的。很多人往往只看這個專業或行業的光環，以及看似繁華的結果，而忽視自己是否真正對這個行業感興趣、適合這個行業，有能力在這個行業做到專業。

選錯專業其實是最浪費和痛苦的事。人最困難的就是認識自己，知道自己的優勢和劣勢，選擇自己擅長的行業領域會更容易成功，也會收穫更多快樂。而我就還處於調整的過程中。

感覺還有好多要說，先留著吧，路還長著呢。

管好自己的身體和時間

妥善運用碎片化的時間，
就可以保留整段時間來做更需要投入的事情。

iPhone 6 上市的廣告詞是「Bigger than bigger」，如果香港這座城市也有一句廣告詞的話，我想借用蘋果的這個句型應該不錯，但需要換個名詞「Faster than faster」。在這樣一個快節奏的城市，如何以優雅的姿態走出從容，著實不太容易。但如果能做好自己的時間和身體管理，至少不會顯得太狼狽。

時間管理

在香港，能否做好時間管理，直接關係到你的生活是有條不紊還是淩亂不堪。這座城市有太多美食等著你去品嘗，有太多有意思的活動勾引你去獵奇。有不同主題的講座來拓寬你的眼界，有各路名人大師在這裡留下足跡和故事。

也許你很久以前讀過馬家輝的《死在這裡也不錯》，結果他就在離你十分鐘路程的一所學校授課；可能你不久前剛讀了閻丘露薇的《不分東西》，結果發現她每週一晚上就在你隔壁的那幢傳媒樓裡教書。

以前只能閱讀著他們的文字或看著他們在螢幕裡的樣子，現在他們活生生地就在你面前，和你分享有意思的經歷和段子，你和他們聊天，他們和你說笑，課上是師生，課後像朋友，像夢一樣，不能更美好。

有些扯遠了，我要說的是這座城市有太多事可以消費你的時間，而且不管是去澳門、台灣，還是泰國、新加坡等地都很方便且便宜，哪怕你在這裡不讀書，只要你有錢，知道各種活動資訊，就可以在這裡過得充實不無聊。是的，這裡的每一天都是全新的。

但是這邊的學業壓力也不是假的，如果你對自己的成績有要求，要看要寫的東西很多，而且自身的英語功底還要好。朋友圈裡面總會有那麼幾天被小夥伴們的作業太多咆哮體洗頻，這個怨不能再愛了、那個哭還我自由，前天一個同學因為通宵趕作業，結果直接倒下進醫院了。我說妹子妳這也太誇張了，她說哥我是真的來不及啊。

所以市面上代寫論文和作業能成為一個成熟的產業，確實是有肥沃市場的。

我開始養成習慣在筆記型電腦的行事曆上安排計畫，因為活動太多大腦總會不好使。記下這週六要上交哪個作業，下週二要去聽誰的講座或者參加什麼活動，週四晚上約了和誰一起吃飯等等。寫得越詳細越好，還要提前設好鬧鐘提醒，因為真的會忘記。某天我就是因為當下忘了記，而錯過梁文道和陳丹青的分享會，特別遺憾。

還有一個很重要的能力，就是利用碎片化時間。

在我家鄉浙江象山，大家都有車，開車五分鐘就到工作單位了。整個美食社交娛樂圈都在十五分鐘車程內，所以沒有太多碎片化時間的概念。

香港這個地方說大不大，說小也不小。從家裡到學校通常都是坐幾站地鐵或巴士，再走幾步路，至少半個小時。偶爾去稍遠一點有意思的餐廳吃飯或者約朋友見面，都需要花不少時間在路上。所以如果能妥善運用這些碎片化的時間，就可以保留整段時間來做更需要投入的事情。

現在我基本上整段時間是用來寫作業、看文獻、上課。而搭地鐵的時間可以用手機回覆一封簡單的 E-mail，或在 iBook 上看一章《平台戰略》；健身時聽一段 FM，白天用來打雞血，晚上用來助睡眠。

如今太多的社群媒體和APP猶如時間的攪碎機，打碎我們時間的同時又提供許多乾貨來豐富碎片化，有時候自己都搞不清楚哪段時間更有意義。

身體管理

在香港，鍛煉身體是必不可少的。不是出於意願，而是必須。因為每天坐在教室裡聽老師狂侃三個小時，都是對身心的摧殘。隨著越來越多課外作業來襲，泡圖書館已成為家常便飯。若問我在哪裡，不是圖書館，就是去圖書館的路上。所以不運動的話，一天下來渾身關節都僵硬了，屁股都被坐平不翹了，整個人都快要不好了。

另一個原因是香港的型男太多，又高又瘦，有著刀削一樣的側臉，閃過你身邊猶如一道光只留下銷魂的背影。尤其在港島，配著一身帥氣的西裝或襯衫，他們的臉就像他們的髮型一樣精神冷酷。然後再看看手機螢幕裡的自己，圓滾滾的身材，刀削麵一樣的側臉，不修邊幅的妝容……。

十年前我是一個又輕又薄的小男孩，十年後成了又厚又重的老男人。一個朋友對我說：「我覺得你不像是高端商務人士。」

我反問：「哦，你是說我不夠商務嗎？」

「不，我覺得你不夠高端。」

……

還有什麼理由繼續墮落。

減肥路無非兩條，管住嘴，邁開腿。在美食之都香港，雖然沒有我家鄉「大象山帝國」的山珍海味，卻有各種精緻的甜品和糖水，而且口感更加純正，料理更加黑暗。想想我也算是半個貪吃鬼，看到美食就流下口水，聞到香味就邁不開腿。人家是「特別能吃苦」，這五個字我想了想，自己只做到了前四個字。但是為了好身材要忍啊，我不求六塊腹肌，只求到了四十歲的時候，洗澡時往下看還能看得見自己的腳趾，就算對得起自己了。

旺角的糖水再甜，過了晚上十點便不能再碰。牛腩料理再黑暗，也得邁開雙腿逃走。前段時間開始早上起來去樓下的會所或社區裡跑步健身，他們說二十一天可以養成一個習慣，起床跑步的習慣也算是基本養成。如果一天事情比較多，白天沒跑的話，會覺得缺少些什麼，賤骨頭欠抽的感覺，晚上十點後怎樣都要補回來。

雖然花的時間不多，跑的距離也不算長，但是堅持下去就也能感覺到自己身體的輕盈和精神。不是有個理論說，其實鍛煉的目的不在於當下身體能量的消耗，即使你跑了半個小時，消耗的卡路里也不過一杯咖啡的熱量而已，鍛煉真正的作用在加快平時身體代謝的效率，例如吃飯時消化的速度會更快。

俗話說：「小腹不平，何以平天下。」今年在身材上對自己的要求是穿得進修身版的襯衫，然後驕傲地回內地和朋友們說：「其實，很少有人比年輕時更帥。」

Men for others

「Men for others」的價值體現，不容易因為一己私欲而去侵犯別人的空間，破壞道德的法則，因為法則是為了讓人人更加公平的自由。

昨天有幸和 Dr. Poon 一起吃午飯，聊到內地和香港的共通性和區別。他說印象很深的一個場景是二〇〇一年，電視上宣佈北京申奧成功的消息大家都很高興，當時中央台的螢幕上秀出四個大字：「我們贏了。」他很納悶，為什麼不說我們成功了，而要用「贏」這個字？因為有人贏，就意味著有人輸，是一場零和遊戲。

但他同時承認香港目前也變得越來越功利，他在香港讀小學的時候，他的學校和另外一所是全港頂尖的學校。當時另一所學校的校訓是「Be the best of the bests」，老師教的是舍我其誰的精英意識，凡事做到完美最好。而自己的學校校訓則是「Men for others」，希望學生無論做人做事，都能從別人的角度出發，做有利於他人和社會的事情，並不主張你輸我贏，希望達到共贏和諧。

他說現在回過頭看，還是為一直以來被教導這樣的理念和價值觀感到幸運。

那一刻，我突然有種被打通任督二脈的豁然開朗感——是不是更加文明的國度、更加文明的社會、更加文明的國民，會更加有所謂「Men for others」的價值體現？

我開始理解，為什麼夜晚十點的中環地鐵站，明明月台上全是焦急等待回家的疲憊人群，卻仍然有序地排著長隊，列車門開，裡面的人先下然後按次序上車，待工作人員舉起 Stop 的牌子後，即便擠一擠還可以進去，但大家只是默默停住等下一班車。人群多而不亂，彷彿有一套無形的秩序在掌管著這一切。

我第一次看到這個場景時受到幾分震撼，直到後來排隊等公車、等電梯、等吃飯也開始成為習慣。在香港這個地小人多的擁擠城市，若是沒有自發排隊的習慣，整座城市隨時隨地都可以暴亂了。

康德說：「有兩種東西，我對它們的思考越是深沉和持久，它們在我心中喚起的讚嘆和敬畏就會越歷久彌新，一是我們頭頂浩瀚燦爛的星空，一是我們心中崇高的道德法則。」

我認為，「Men for others」的價值體現，不容易因為一己私欲而去侵犯別人的空間，破壞道德的法則，因為法則是為了讓人人更加公平的自由。

我開始理解為什麼越是厲害的教授，表現得越是謙虛隨和。語言發展法的選修課教授 William Littlewood 是一位性格超級隨和的老頭，白髮蒼蒼臉上總掛著笑容，按照女同學的話說：「這老頭蠢萌蠢萌的，太可愛了，好想上去捏一下。」

然而 Dr.Poon 聊起他時，滿是敬仰愛戴的說：「You know, to me he's like a father, and he devoted his whole life into language research.」（你知道嗎？對我來說他就像父親，他一生都投入在語言研究上）。

上課時不經意搜索了一下，不查不要緊，查後頓時想給他跪了——劍橋大學畢業，全球語言學的知名學者，港大的客座教授，國內語言學幾乎必備的教材《交際語言教學論》（*Communicative Language Teaching*），作者居然就是眼前這位蠢萌蠢萌的老頭。當這位學術泰斗就在離你兩公尺處站著講課，頓時光芒萬丈，亮瞎狗眼，跌破眼鏡，滿地找牙。恨不得站起來說：「您坐著講，我們站著聽就行。」

我相信他所做的事業源自熱愛，源自對世界真理的探索，源自為幫助別人更加容易理解這個世界奧秘的初衷，功成名就只是這些價值的附屬品，這何嘗不是另一種「Men for others」的價值體現呢。下次看到那些有一點成就便覺得老子天下無敵的人，我只能回覆「呵呵」了。同時警惕自己，你的能力和你的驕傲是成反比的。

未來如果我有小孩，我希望這個社會、學校的老師告訴他做人做事的理念是「Men for others」，而不是「Be the best of the bests」，因為他不需要在所有人裡成為最好，他只要成為最好的自己。

關於留學，多的是你不知道的事

留學從來不是什麼應該被標籤化和定義化的產物，因為它是一件很私人的事。你是什麼樣，你的留學就是什麼樣。

以前讀高中、大學時，說起身邊的某某人去留學了，那簡直就是與高富帥、白富美一樣，腦子裡想的都是上流菁英、財富新貴、旅美華人等「高大上」的詞。現在隨著留學市場化和物質化，加上國內留學生的低齡化和土豪化，「留學」這個本該象徵學術、名校、自由、遠方等美好畫面的詞彙，已經被拉下神壇。有人依然堅信留學是個開闊眼界、增強學術、提升自身層次的高地；也有人調侃留學只是場混個文憑、燒些人民幣的遊戲。

我覺得，他們說的都對，但是又都不對。

前些天在知乎網站上看到，對於一個抱怨社會的人最有力的回覆是：「你是什麼樣，你的社會就是什麼樣。」我想這句話也同樣適用於留學的人。

你是什麼樣，你的留學就是什麼樣。

好比課堂上永遠會有幾個上課就是要遲到幾分鐘的帥哥美女，他們不太積極參與課堂討論，或是與老師的交流，而更熱衷於銅鑼灣商場和旺角美食。但同時也會有一些提前到圖書館查好資料，做好功課，上課積極回答問題的學生。而且我發現年齡越大的人，往往越珍惜來讀書的機會。

班上一位日本婦女，經常用一口不太流利的日本英語積極勇敢地回答問題，讓我由衷感動。在城大聽法律課時印象較深的一位中年人，教授拋出的問題他都能回答，知識淵博令人側目，課間休息時還經常和教授交流，不禁由衷欽佩。

在我看來，留學從來不是什麼應該被標籤化和定義化的產物，因為它是一件很私人的事。平常不上課的時間裡，有些留學生在開著固定溫度冷氣、光線明亮的屋子裡奮力地打著遊戲，他們也是在留學；有些人在這座物質極度繁華、美食極度多樣的購物天堂，眼睛放光地尖叫著折扣，氣喘吁吁地忙著代購，他們也是在留學；有些忙著認識不同有趣的人，參加各種主題的派對和活動，感受這個城市不止一面的精彩，他們也是在留學；有些忙著在圖書館查看不同的資料和書籍，踏著日光出背著月光回，他們……是的，也是在留學。

留學不只一面，看你想要哪一面。有人在這裡風生水起，怒放著生命；也有人的夢想彷彿已遭閹割，只剩萎縮。但是那又怎麼樣呢，我們又有什麼權利揶揄他們的留學生命怒放得是否不堪呢？因為留學就是一件很私人的事。

那麼，留學對我又意味著什麼？

踏上這片擁有無限可能性的神奇土地，從一開始的局外人，到漸漸融入這座城市的脈搏與心跳，和這座城市的人一起擠地鐵，在地鐵上看書或睡覺，開始習慣時不時地說「唔該」（粵語中最常用的禮貌用詞之一），也漸漸開始用粵語進行簡單的買單點菜討價還價，而不是用英語或普通話。

對城市表面的新鮮與繁華已無太多驚嘆，對從圖書館眺望到不遠處的維多利亞港夜景也沒太多衝動，除非有佳人陪伴，不然只想回家早點睡覺。而這座城市的複雜、文明，這座城市的思想和精神、自由的氣息，卻越來越深地吸引著我，但是這種感覺，我怎麼和你形容呢？

我一直覺得自己對精神的追求超過對物質的渴望，雖然我也喜歡豪宅名車（誰不愛呢，是吧），但只要聽一堂震撼靈魂或者啟蒙思想的課，便會覺得這一天無比美好，睡覺都能掛著微笑。

例如宗教課的教授說：「What is faith? Faith is a strong belief or trust that is based on conviction rather than on proof.」（什麼是信仰？信仰就是基於相信，而非事實的無條件信念）那一刻，覺得整個世界都亮了。

例如聽文學課，看到一行字：「If equal affection cannot be, let the more loving one be me.」（若深情不能對等，但願愛得更多的人是我）不能更愛。

例如傳媒課的教授問：「辦報紙和雜誌明明不賺錢，為什麼還要辦？」我想到的是廣告還有收入，他卻回答：「最重要的一點是為了奪回話語權」，頓時覺得自己太膚淺。

雖然在香港待的時間不夠長，自己所接觸到的都只是表面，但是每天似乎都有期盼，能感覺到內心一灘水被重新攪動，思想起著陣陣波瀾，雖然不知道會產生多高的浪花，但我知道它一直都在蓄勢。

我現在也不願多想留學到底值不值得，生命終究是一段自己的旅程，如果能有幸做自己認同的事情，培養出自己認同的品格，成為讓自己尊敬的人，那就是正確的選擇吧。

留學就一定能學好英語？您別騙我

語言提升的關鍵還是在於運用，不在單純學習。而運用語言最好的平台是工作，尤其是你的工作語言是英文的時候。

「國內的英語教育是應試教育，培養的學生都是啞巴，只會做題不會說話，所以要真正學好英語，必須到國外去學。」「高考英語口試不計入總分，當然學生不重視口語；學生只會做繞來繞去的單項選擇題，即使學了大量的文法，卻仍然寫不出一百二十字優美的文章，這是英語教學政策的錯誤。」

……

對於那些抨擊國內英語教育的人來說，上述言論是他們最有力的論據，猶如拳擊手套一拳一拳地捶在英語教育這塊已經結了老繭的傷疤上——老繭裂開，流出膿水。

在很多人眼裡，國內的英語教育就是一個字，水。

我怎麼知道？因為我當年也是憤青中的一員。

若問為什麼在國外就能學好英語呢？回答無非就是國外浸泡在英語的環境中，英語水準自然就提高了。那麼問題來了，去國外就能真正浸泡在英語中嗎？浸泡過後英語水準就能提高了嗎？

我想這也未必吧。

這段時間也算是在外面見識了一圈，雖然待的時間不長，也算是看得明白。遺憾地發現，那些在國外待過幾年的人，尤其是留學生，有好多英語並沒有想像中那麼好。

其中一個重要的原因，就是目前的國外留學生沒有強烈的語言浸泡需求。不管是在香港還是美國，大多數留學生都喜歡自己揪團玩，語言和想法都差不多，交流起來不費勁，有歸屬感。所以在課堂上經常能看到白皮膚的和白皮膚的坐一塊，黃皮膚的和黃皮膚的結個伴。甚至內地人和香港本地人都算黃皮膚了，大多數情況下也都是各玩各的。在家裡煮火鍋開個小型派對，朋友圈一曬，一張張笑臉很少看到眼珠子顏色有不一樣的。

當然，這不是絕對，也有一些在各個膚色和國籍間切換自如的社交動物，但整體來說這類人算少數。當然並不像種族歧視和地域偏見那麼嚴重，大多數情況下是懶，因為許多人本能覺得和自己成長環境相似、價值觀接近的人一起交流更輕鬆。需要的時候，雖然不同膚色間大家還是能好好玩耍，但大多數也只限於「點頭之交」的程度。

十幾年前內地人到國外留學的少，如果不想被孤立的話，大多希望能夠盡快融入資本主義的社交圈；現在世道變了，紐約法拉盛（Flushing）都已經快變成中國人的天下了。

所謂社交圈，本來就是單獨的個體為了相互交流而產生，但這個網路一旦穩定，流動性就會減弱，形成了各自的舒適圈。所以在國外有自己的朋友圈，不費勁地說著大家都懂的中文，我又有什麼衝動去說英文呢？所以來香港兩年不會講粵語，留英留美三年做不出一場超過半小時的英文學術報告，回覆英文郵件半小時斟酌不出一篇得體的文字，其實也不用太意外。

前幾年看《贏在中國》的創業比賽，有位參賽選手頂著加拿大碩士的頭銜，主持人王利芬問他，既然你是「海歸」，介不介意用英語來回答我的問題？氣氛尷尬了幾秒，那選手怯生生地說了句：「對不起，我不能。」

此外，留學和英語會話的提升，其實沒什麼必然關聯。留學對英語的學術要求，最明顯地是體現在英語閱讀和寫作上，因為要看很多文獻，要寫很多作業。讀寫的能力確實會提升，聽教授的課英文聽力也會提高，只要你讀的不是用中文授課的當代中國研究或者EMBA中文班等等。

但是說到大幅提高口語能力，這和你上課有限地回答幾個問題，或者做幾次報告，沒太大關係。你又不是在哈佛或甘迺迪政治學院，天天練演講和口才。簡單的說，教授一節課英文狂侃三個小時，口乾舌燥，你在下面聽三個小時，相較之下，誰的英語水準會提高更多呢？對吧。

別傻了，別以為出個國就滿口ABC，留個港就粵語滿天飛了。留學只是途徑，從來不是成果。

怎麼破？其實這就要說到提高語言能力的本質了，我認為語言提升的關鍵還是在於運用，而不是單純學習。而運用語言最好的平台就是工作，尤其是你的工作語言使用英文的時候。

對於提高語言能力來說，工作最主要的貢獻就是解決動力的問題。工作環境由不得你挑喜歡的圈子，尤其當老闆同事客戶都需要用英文溝通時，為了加薪、升職、給別人留下好印象，欲望和恐懼作伴，做個報告必然要在鏡子前反覆練習。開個電話會議，自己說的英語老被同事問：「Sorry, I didn't follow. Would you please say it again?」還要不要繼續混了。每天打開信箱，有幾十封 E-mail 等著回覆，而且每封都得想怎麼措辭才得體，慢慢地，寫 E-mail 的速度一開始是半小時，到後來可能是半分鐘。

浸泡在英語環境中並不重要，關鍵是你能否和環境產生化學反應，進行融合。當你成為這個環境的一部分，才是語言能力真正走向裂變的時候。

又回到那個觀點，語言屬於能力的一種，真正的能力不是學來的，而是在運用中反覆琢磨消化、內化的過程中體悟出來的。

當馮唐在芝加哥大學用純正的北京口音做半小時英文演講時，我相信他的英文能力應該不是在美國讀ＭＢＡ時學的，而是在麥肯錫的六年蛻變的。

就好比李宗盛在《寫給自己的歌》裡，有段歌詞唱到：「可惜戀愛不像寫歌，再認真也成不了風格」。

想來留學，先練好英文

你的英語功底，
直接關乎你的留學生活是豐富多彩還是暗無天日。

上一篇寫得不夠盡興，接下來我再繼續談談關於英文的事情吧。想去國外留學，這裡不是指去讀高中或者本科，孩子們的世界我不懂。這裡要談的是讀碩士或博士，最重要的能力是什麼呢？

有人覺得是適應環境的能力，或是和人打交道的能力。簡單來說就是到了一個陌生的環境，你能不能在這座城市裡找到去學校最快捷的路線，嗅到周邊廉價而美味的餐廳，租到CP值高的房子。能否和這座城市無縫接軌，恨不得別人一看就覺得你是本地人。

我覺得不是，因為不同性格的人有不同的留學方式，不一定要像交際花一樣才顯得風生水起。或者說得再俗氣一點，你只要有人民幣，留學時物質層面上的問題，根本就不是問題。但有一項能力就連人民幣也解決不了，並且直接關係到你的留學生活是豐富多彩還是暗無天日，那就是你的英語功底。

英語會話其實沒有那麼難，曾有人做過研究，一個外國人平常只要懂一千以內的詞彙，配上簡單的口語文法組合，就可以基本應付日常交流，不論是去買菜購物，還是在課堂上做一些淺層的學術交流。哪怕你只會「I want this and that」、「How much」、「Thanks」、「Sorry, I don't know」就夠了，再加上人民幣，便可以在一個說英語的城市活蹦亂跳地生活了。

但是這連學術的邊都沒沾到，留學的英語要求可沒那麼簡單。

一堂碩士課程約三小時左右，中間會有一到兩次十分鐘的休息時間。因為課程量比較大，時間也比較緊，教授往往會在台上講滿三小時，或者中途抽幾分鐘的時間讓大家討論休息。

看著年過半百，甚至已經滿頭銀髮的教授滔滔不絕，想想他們也真是夠拚的。回想自己在高中一堂課四十分鐘，一天就教兩堂課，而且有時候中間還休息一堂課。強度不及他們一半，想想都不好意思。

又由於他們教的往往是新的內容或晦澀的理論，經常會用到平常用不到的學術詞彙。要打起精神豎起耳朵，還要時不時地迅速查一些詞彙，才能跟得上他們的節奏。萬一碰上語速較快的老師，聽滿三個小時，如果沒有室內冷氣，後背的襯衫估計就濕了。

如果你的詞彙量不夠大、聽力不夠好，人家在那裡滔滔不絕，你在下面霧裡看花，那三個小時簡直生不如死。怎麼破？看美劇的時候儘量少看下面的中文字幕吧。然而聽學術課程和看美劇的基本要求不同，看學術文獻和看 China Daily 的要求也不一樣。想起自己在大學準備考托福尤其是GRE背單字時，一邊背一邊罵：「這種單字背了有什麼用。」確實平常生活用不上，但就是看文獻和資料時會派上用場。

更受罪的是，這裡老師給的作業要求不是隨便寫一篇文章就能交差了。一般會有指定的書目或文獻要你閱讀並且比較，然後再寫個評論。

比方說昨天一門課的老師給我們三篇文章的連結，說你們回去看完，分析一下這幾篇文章的寫作手法，寫個評論下週五之前交，上課要講。然後打開文章連結，每篇文稿十點五級字體覆蓋了五頁 word 文檔，密密麻麻還夾雜著我不知道的單字，加上其他老師也有不同難度的作業，覺得天頓時黑了下來，眼前一大波的 deadline 來襲。

說好的西貢出海呢？說好的澳門小賭呢？說好的野餐露營呢？

別傻了，圖書館才是你的家，電腦才是你每天要面對的戀人。

我想起了幾年前看過的一個影片，一個北大女孩本科畢業去耶魯深造。她說：「我感覺我這兩年在耶魯看的書，比在北大四年看的還要多。」我當時覺得：「真的假的？崇洋媚外假辛苦高姿態吧。」現在看來，應該是真的。

前些天認識了在我們系上做研究助理的博士，在北大念了三年碩士。她說每次和她導師討論學術問題時，總被批得體無完膚，覺得自己好學渣。我說妹子妳千萬別這麼說，像妳這樣都「學渣」了，那我不就只能當「學灰」了。

在本地或海外研讀博士，不管什麼科系，英文功底的深淺都起著決定性作用。當你看文章的時候，考驗的不僅僅是你是否看得懂這篇文章，還有你看文章的速度和效率。

別人花兩個小時寫了一篇一千字的評論，和你憋了一天才拼湊出的效率當然不一樣。搞不好還因為文法錯誤太多，句子表達不清晰而必須重寫。這是龜兔賽跑的遊戲，而英語能力往往決定你代表哪一方。

我和另外一個讀市場行銷的博士聊天，她說最羨慕英語好的同學，因為讀博士大部分時間就是看這個領域的各種書籍、期刊、文獻、論文等，然後不斷地分析，不斷地寫。必須抱持一種「文獻虐我千百遍，我視文獻如初戀」的情懷，才能堅持走下去。也曾看過有些博士讀了兩年就放棄的人，當然離開也不一定全是英語的原因。

所以想要留學的同學，除了燃起你的熱情和夢想之外，先在國內練好英語再說吧。

你以為我夜夜笙歌，其實作業才是我大哥。

路程已過半

這幾個月的生活，如果用一句話概括，
就是看見了更大的世界。

想起下個星期就是這學期最後的一個星期了，埋頭寫作業時都會瞬間恍惚——啥？這麼快就要放假啦，我怎麼感覺才剛來。正如同相對論說，當你懷裡摟著心愛的姑娘時，過去一小時就像一分鐘。

這三個多月的體驗確實帶來很多意想不到的收穫，難以在此細數，請容我日後再敘。而我現在對於留學的想法，和幾個月前確實大不同，以下單純個人分享，也算是替自己做個回顧。

我覺得有兩類人適合背井離鄉去陌生的土地求學，第一類人是對學術特別有追求，雖然普遍認為世界學術的殿堂在美國，但有些香港教授還是有斤有兩的，而且最關鍵的是這裡的學術資源整體豐富，能夠接觸到更前端的訊息。

英國調查機構QS公佈的二〇一五年全球最佳求學城市排名中，香港居全球第五，亞洲第一，不一定全面，卻可參考。雖然沒去其他城市待過，但香港的學術氛圍確實是很厲害的。

另一類人則是特別能折騰，具有賈伯斯宣導的「Stay foolish, Stay hungry」人格，喜歡冒險和探索。以這個標準來看，香港比美國還有意思，在美國留學過的朋友經常同意一種說法，說美利堅是好山好水好無聊。人權太有保障，民主太被保護，如同上流社會般精緻而無趣。

你來香港留學，其實關鍵字不在於留學，而在於香港。這個彈丸之地，既高端又好接地氣、既複雜又好有趣。都市森林似的中環不忍直視，灌木叢林般的旺角無法側目，在這裡各個階層的人都呼吸著同樣的空氣，演繹著各自的人生。

這座城市就是一片江湖，金融業的刀光劍影，傳媒界的各路廝殺，一幕幕看著實在過癮，聽著各種熱血。

但你若沒有學術情懷，又不感冒新鮮和刺激，那麼其實待在家鄉挺好的，真的。曾經的出入香車加落地窗美宅，現在的暴曬走路睡五平方；曾經的剝蝦吸螺吃海味，現在的頓頓豬扒喝檸檬無味。回顧美好的過去，想想現在，真心覺得自己生活在物質上水深火熱。

何必呢，是吧？其實生活可以不用這樣的。

尤其是已經在工作的上班族，留學不僅意味著沒有穩定收入還要倒貼費用，也意味著中斷職業生涯帶來的高昂機會成本，與畢業後再就業的不確定性。這些都需要謹慎權衡，其影響和意義某種程度上不亞於娶個老婆或嫁個男人。

留學有風險，入學需謹慎。那麼，為什麼還要來？

原來的工作生活，可用「忙」一個字概括，差不多朝七晚十的工作時長，一周工作時長超過八十小時。但是忙碌過後除了留下一些情懷，積累的痕跡太淺，一直在掏空自己的才情，摸不到自我提升的天花板，總有一種很忙碌卻又盲目的混亂感。

雖然家鄉白天有海邊明媚的陽光，夜晚有自家天台安靜的晚風，歲月帶來了物質的豐盈，然而對於一個有胃口的靈魂來說，沒有帶來精神的盛開，說到底還是一種饑荒。

趁著還能苟延殘喘，對待青春不妨大膽冒險，因為好歹你都要失去它。於是飛機落地在香港國際機場的那一刻，明白自己的人生從完成式回到了進行式。走到今天，為了一些逝去的情懷也好，為了彌補心中的遺憾也罷，回顧過去知道這是我的必經之路，性格決定如同宿命，沒有選擇。如果要用一句話概括這幾個月的生活，就是看見了更大的世界。

來到香港之後，聽了不少各路大咖的講座，上了一些學術大牛的課，接觸了外面光環與裡面辛苦的各圈生活，品味不敢說提升了多少，但層次確實被拉高了不少。例如你會驚訝地發現，這個世界很多人看似賣情懷秀光環搞文藝，實則唬弄加拐騙。你漸漸能辨別哪些是真有才，哪些是在唬弄。

如果說旅遊的意義並不在於發現一個新奇的新世界，那就應該是當你回到原地後，對自己的生活有了新的認識和更深度的思考。那麼留學的意義也是一樣。

現在知道，其實每個行業都有很多地方值得去深度挖掘學習，說白了還是格局有限，方法論不會用，看不到價值點和增長點。就像講解 Research Methodology（研究方法論）的老師，在一堂課上突然問我們：「為什麼這門課叫 Research Methodology，而不是 Research Method？」台下面面相覷。

「因為 method 是研究問題具體的方法，methodology 是研究方法的思維和方法，而方法論才是以後你們真正能用上的東西。」

難怪《麥肯錫方法》的第一頁就是幾個金燦燦的大字：「麥肯錫並不神秘，方法論（methodology）鑄就神奇」。

我也越來越相信，其實在不同領域之間存在許多共通性，如果能在某一個領域做到頂尖，很有可能你也能把其他事情做好。

忘了讀過哪篇文章，但是記得那哥兒們還是姐兒們在回顧人生路程時，總結這麼一條心得：「二十多歲的年輕人，真正重要的命題只有三個：認清自我與世界的關係，尋找值得全情投入的領域，在愛與被愛中心智成熟。」

如今人生路程已過半，喜憂各參半。一些迷茫，走著走著好像想通了，卻又長出許多之前不曾想過的更大迷惘。想不明白，只能抓抓頭咽下口水，望著遠方一片微弱的亮光，收起迷離的小眼神，繼續留給這個世界臃腫的背影。

給來香港讀碩士的小夥伴們的三條建議

課堂上教授教的內容，遠不及這座城市帶給你的體驗。眼界的開拓，思想的動盪，更多是因為這座城市。

首先還是恭喜你申請成功，可以在這片土地自由出入了，不管你是夢想變成現實，還是落下遺憾，反正你來了。

你們會看到最好的世界，也可能會遭遇最壞的體驗，因為這是座最壞的城市，也是座最好的城市。來港讀書，除了讀 PhD（博士）或 MPhil（一般指博士第一年）之外，讀 Master（碩士）的同學可能會占到九成。

房產仲介們笑開了花，因為你們幫他們抬高了租金，他們賺到了傭金；崇光百貨、海港城、Sasa 和卓越的老闆們樂開了懷，除了內地遊客，你們是最大的消費族群。你們刺激著香港消費的腎上腺，釋放著青春的荷爾蒙，讓這座城市永遠那麼年輕。

在為這座城市的繁榮貢獻自己荷包的同時，也需要冷靜想想，在這座城市的這段時光，會為你帶來些什麼？

打開錦囊，分享自己的三條心得，有用無用全憑自己判斷，能來讀研究所的，都是有獨立人格和自由意志的人。

多旁聽一些課

香港的大學資源極度豐富，因為政府和大學有錢，請得起優秀的講師和教授；而且科系豐富，你想學的專業多半都有。碩士的課程其實並不多（雖然作業多），一週四、五堂課，還多半在晚上。所以除了泡圖書館、學習本科專業課程外，多挖掘自己的好奇心去旁聽自己感興趣，或者有意思的課程，有時也許會碰到明星講師。

例如我經常去旁聽閭丘露薇講的國際新聞課程，馬家輝開的中國文學課。來香港之前我只是讀過他們的書，而現在他們活生生地在眼前十公尺外和你閒談。喜歡商科，多去聽些市場行銷、中國研究、環球商業的課，覺得老師講得好就多聽幾節，講得不好頂多下次不去罷了。

聽多了，你會漸漸打開人類對另一個知識領域的想像力空間，完整自己的知識結構。更重要的是，你會知道自己以前感興趣的學科，和實際上在讀的內容可能是兩回事，或是你終於知道其實以前有些帶光環的學科，你壓根一點都不感興趣。慢慢地，你會發現哪些是真愛，而哪些是真不愛。

恭喜，你更瞭解你自己了。

有人問，不是本科系的貿然跑去旁聽，真的可以嗎？這樣真的好嗎？

三種方式，第一，事先給教授寫個 E-mail，告訴他你有多麼喜歡這門課和他。第二，上課前走到教授旁邊，親口告訴他你有多麼喜歡這門課和他。第三，直接坐下聽，其實大多數教授壓根不知道你是不是他的學生，因為你們一周才見一次面。馬家輝有次在課堂上看到我，突然心血來潮問之前怎麼沒見過我，我說我是您忠實的讀者，喜歡您寫的書，他靦腆地笑了，於是我們在課後又愉快地聊天了。

來讀過的人都知道，學費除以課堂數，碩士的一堂課是很貴的。多聽一些不吃虧，這是這座城市最棒的資源。

多體驗這座城市和人

香港這座城市在我看來，最讚的地方在於夠密集，資源夠集中。如果你去美國的東海岸留學，那麼西海岸的矽谷，或者中部的芝加哥，除了旅遊外其實跟你沒什麼關係。

假如你是去波士頓留學，四個小時車程外的紐約，和你其實也是另一個世界。萬一不小心就讀的大學位於美國郊區小鎮，多半能悶死。所以為什麼好多留美的人說自己住在「村裡」，也是自嘲和無奈。平平是美國留學，卻是不一樣的境遇和體驗，因為人的社交距離、生活圈子是有限的。

香港的好處在於城市夠小、資源夠集中，人才密度大，在中環的寫字樓裡辛苦上班，下班後約朋友在「The one」吃個精緻的法國料理，晚上聽一場音樂會，或在哪所大學聽一場講座。週五晚上在蘭桂坊度過歡樂時光，週末尖沙咀登船出個海都非常方便，體驗很棒，而且都在一個小時內，不用開車，更不會堵車。

所以只要你願意，你可以盡情地、貪婪地享受這座城市的精彩和自由。放心，這座看起來小小的城市，容得下你大大的欲望。

比這個更讚的是，當你在星光大道看著維港對岸城市剪影的時候，你要知道，這片彈丸之地，彙聚了全世界頂級的公司，例如長江集團中心五十八樓的高盛，中環交易廣場的摩根史坦利，旁邊的美林證券。頂級的諮詢公司，例如時代廣場的波士頓，花園道的麥肯錫，IFC的貝恩等等。是的，他們都在你的視線範圍裡。關鍵是，你能不能拿到通向玻璃大門後的那張門禁卡。

在這裡，只要你有價值，夠努力，便有機會接觸到全世界最優秀的人，甚至與他們為伍。不管他們來自海外、本土，還是來自內地。

這就是一座「高大上」的城市，有著不一樣的氣息。所以在這裡讀書的時間裡，除了泡圖書館應付繁重的課業壓力外，應該多去社交。寫完作業有空多參加公司辦的酒會，不管是出自於怎麼樣的商業目的。積極加入香港的同鄉會或校友會，除了找歸屬感，他們也會帶你一起玩。

去玩、去high（網路用語，意指開心）、去搭建自己的圈子，熱愛這座城市的好與不好。你要相信自己現在所看到的這座城市的印象，一定僅僅是表面。

當然，你必須有自己的判斷和思考，不要被誤導了。此處省略一萬字。

尤其是有些在內地已經工作了幾年，來這裡讀研究所的小夥伴們，其實你們知道，課堂上教授教的內容，遠不及這座城市帶給你的體驗。眼界的開拓，思想的動盪，更多是因為這座城市。你們會更珍惜這一年的經歷，希望你們能在這裡找到真正的熱愛。

多學英語和粵語

英語是在任何時候都不應該丟的一門技能，不管是為了生存還是為了在大家面前誇耀。不要讓課堂的報告成為你說英語的唯一理由，平常多舉手和教授交流，讓他記住你，留下印象期末打分或許能高些，畢業後繼續申請博士或者做助教、助研的機會也會高些。有機會和班上的外國同學多聊聊，不然都不好意思說在國際大都市混過。

至於粵語，不會寫沒關係，繁體字寫起來本來就是費勁，除了簽名用，也不表示會寫繁體就代表傳承中華文明了。但是會講一口流利的粵語，在我看來，會比說一口流利英文更cool。

廣東道海港城的服務員說著生硬的普通話，只是為了迎合客人，並不表示認可。開「的士」的司機，街市賣菜的大媽，道地茶餐廳的服務員，他們年紀大了多半不會講普通話。用粵語和他們交流，是需要，更是尊重。透過語言，也能更好地瞭解這座城市。再說，能隨意切換普通話、粵語、英語，也是件很跩的事。

也許你們現在已經開始思考一年畢業後，回內地發展還是留港工作的問題。一方面是好的，職業規劃是要早早思考，爭取主動。但另一方面，這一年思想和觀念的衝擊，一定會改變你的許多看法。不要去排斥它，要擁抱它，別想太多，畢業後自然會有離開或是留下的理由。

就像電影《阿甘正傳》裡那句老掉牙的台詞：「Life is like a box of chocolate: you never know what you're gonna get.」（生活就像一盒巧克力，你永遠不知道自己下一次會拿到什麼）。

心中若無煩惱事，便是人生好時節，盡情地享受這一年吧，因為有可能是人生最美好的一年。

先瞭解自己，再談談讀博士

讀博士只是一個選擇，而不應該成為一個目標，
更不能成為衡量一個人除了學術能力以外的任何標準。

越長大越覺得，聽到的很多建議都是社會化建議，而社會化建議的形成，源自於不多元的價值體系和不豐富的社會結構。這些建議的特點，就是剝離個體的差異和獨特，達到高度統一和諧。

現代社會許多建議本來就是你之蜜餞，我之砒霜，因人而異。就好比讀博士這件事。「成功」的定義，在國人眼裡本就是單一與狹隘，無非權錢，有名有利。而一個人的教育水準越高，彷彿越能嗅到銅臭的味道，看到權力的閃耀。這也不難理解，在一個社會階級流動嚴重固化的幾千年體制下，讀的書越多，學位越高，越接近所謂成功的天花板。

讀博士在大多數國人眼裡，可不僅僅是進一步追求學術那麼簡單。就像星巴克在內地的這些年，也不僅僅是一杯溫暖的咖啡而已。所以同樣一杯摩卡在美國賣你三點二五美元，在內地就敢賣到三十三元人民幣，還大排長龍呢。

讀博士只是一個選擇，而不應該成為一個目標，更不能成為衡量一個人除了學術能力以外的任何標準。如果有人拿讀博士當作人生贏家的條件的話，那只能說他連為什麼要讀博士也搞不清楚。

在讀碩士期間，經常能聽到的論調是：「我父母想讓我繼續讀博士，認為這樣才能有前途」，「我還不想找工作，想繼續讀書，應該會申請博士班吧」。

還是先瞭解自己，再來談讀博士吧。

讀博士，除了未來不可預見的收益外，各種成本昂貴。首先說經濟成本，教育市場化早就是一個公開的秘密，甚至不需要像以前那樣，還得偶爾拿出學術的遮羞布。現在已經赤裸裸地拿教育當產業，課程當產品，還做出了五花八門的衍生品。教育立場已經從學術追求，變成了市場需求。

以前去美國讀書，只要是研究生以上，在你拿到 offer 的同時，也等於是拿到了獎學金。而現在，去美國讀碩士有幾個是拿獎學金的？大學教育既然有市場需求，為什麼還要自掏腰包呢？既然有買單的客戶，為什麼不降低學術的高牆呢？

朋友在香港MBA畢業，留港工作。他說前些天在看他們學校的MBA學費，已經比他兩年前讀的時候上漲了五〇％，而且學校規定MBA專案每年學費上漲二〇％，雷打不動，直到上限。而香港另外一所大學的MBA學費已經超過百萬了。

不免嘆息，如果教育產品可以上市發行，絕對是績優股。問題是，學費每年上漲且漲幅驚人，錄取的門檻卻越來越高，語言成績原來要求雅思六分就可以申請，今年沒考到六點五分就別來啦，給錢都沒用。

這架勢就像以前在巴黎買LV，必須出示身分證，每人限購一個手提包，所以能見到穿著珠光寶氣的貴婦們，在街頭向路人借身分證的滑稽場景。教育也是一樣，甚至從奢侈品變成了限量版。

在美國，通常博士專案會減免學費，但也有些文科除外，有些科目第一年的費用就要自費。然而生活吃住費用一般要自己負擔，除非你能找到助教或助理的打工機會。讀博士幾年，沒有個幾十萬根本下不來。香港稍微好一些，會給你一個月一萬出頭的錢支付你的學費和生活費，筆獎學金省著點用，日子還能過得去。

然而，金錢成本肯定不是最大成本，俗話說，能用錢解決的都不是問題。最大的成本，是時間。

經濟學上說成本有兩個概念，顯性成本和隱性成本。就像你和女朋友談戀愛，成本可不僅僅是花在這個女孩身上的時間，而是同時損失了跟其他女孩在一起的機會以及未來的可能性。

讀博士的幾年時間裡，時間成本並不僅僅是你把青春獻給了讀博士那麼簡單，丟失的是用這幾年投身其他事業並取得成就的可能性。而後者的隱性成本，有時要比前者大很多。

我自己在讀碩士時經常覺得，如果一位教授知識淵博，講課很有水準，會感覺一堂三個小時的課上得真值。但是有時候旁聽的課多了，也會碰到幾個自己認為沒什麼水準的老師，不僅英語講得不行，知識結構也是說得霧裡看花，聽完課後有種浪費生命的無奈感，心想這三個小時幹什麼不好，陪你上完課，你賺到錢，還搭上我已經不夠的青春。

和朋友聊到時間成本的話題，她為我說了一個故事。她有兩個朋友都在新東方，一個做了十年，終於熬到了副校長；另一個待了幾年後，去史丹佛讀MBA，後來留美工作了幾年，現在在北京做自己的教育培訓，親自授課，創業初期比較艱辛。

她說熬了十年的副校長，雖然不知道他一年賺多少，但是他去年剛買了寶馬X5。

雖然不確定未來到底誰的成就可能更大，對於人生的意義也不能用物質來衡量。但單從時間成本來看，大家心裡都有一桿秤，知道應該往哪裡傾斜。

除了金錢和時間成本外，還有一個門檻，上面刻著四個字：「合不合適。」畢竟讀博士屬於小眾產品，是屬於一小撮人的遊戲。

在美國時，跟在那裡讀博士的朋友聊天，他們經常戲謔說除非職業需要，否則能不讀博士就儘量不要讀，所謂的PHD就是Permanently Head Damage（永久性腦損傷）。

雖然有些誇張，但是博士的特點就是在一個相對專業領域的某一個細分區域一直做研究，如果沒有學習和思維能力，是很容易鑽牛角尖出不來的。從心理學的角度來說，當一個人長時間過度專注於某一個點而忽視其他面時，容易造成狹隘和偏激——這不就是腦損傷嗎。

現在愈加發現，知識這個東西老師教出來的不算，透過自身的理解消化並為自己所用的知識，才是真知識。這個想法啟發於自己旁聽的一門課，叫「知識管理」。裡面講到了data、information、knowledge 的不同。

所謂 data 就是我們生活中所接觸的所有資訊資料，俗稱 raw material（原材料），

information 是你在大量的 data 中，選擇自己需要的那部分，knowledge 則是加工過的訊息產生了真正有價值的內容。而一個人把 information 轉化成 knowledge 的能力，老師往往教不了，只能引導。

我個人也傾向認為，在一個職業平台上學到的知識才是真正的知識，也就是指可以轉化成能力和生產力的知識。如果知識的消化吸收不好，又不能產出能量，便容易吃成知識的虛胖體質，反而傷身傷神。

關於學習門檻這件事，網路輾平了這個世界，也壓低了學術的門檻。鋪天蓋地的思想、書籍和知識，只要有學的欲望和學習的能力，並非博士一條道走到黑。

所以讀博士與其說是讀了博士的學位，倒不如說是給了幾年讓你靜下心來做學問的時間。至於能否學到成果，因人而異。

俗話說：「沒有金剛鑽，不攬瓷器活。」讀博士這件事，本來就只適合一部分學術型，對這個領域真正熱愛的人，如果你是社交型，幹嘛非得走學術路呢？

有些人適合讀個博士去專業自己，有些人則是應該找個優質平台去脫胎換骨。

放棄自己的優勢，去做不擅長的事，是對天賦和青春最大的浪費。

我平時也和身邊的一些博士朋友聊天，他們有些覺得讀博士雖然累，但是挺好的；也有被折磨得死去活來的，勸我千萬別走上這條不歸路。

說起讀博士的意義，我一個朋友說得特別好：「在這個社會裡，對於知識的積累、文明的傳承、人類的未來，有人負責腳踏實地，也要有人負責仰望星空。」

畢業了，我選擇留在香港

如果僅僅來念個書，留個學，其實只不過是到了香港的一個校園而已，你還沒有看過香港真正的核心競爭力、價值觀、法制、自由金融的優勢等，你們沒有在這裡工作，是不會真正體會到的。

到了畢業季，可以明顯感覺到大家內心的焦慮，一層層地泛著漣漪，隨著課程結束的日子臨近，漣漪變成海浪在內心暗湧。

內地學生在這裡念完碩士，一般都選擇回去，俗話說：「各回各家，各找各媽」，而選擇留在香港工作的，寥寥無幾。從簽證的角度來看其實挺遺憾的，因為這幾乎是條不歸路，回去工作等明年簽證過期了再回香港，就只能是遊客的身分，不能超過七天。

離開後就回不來了，很多事情，皆是這個道理。

香港真心對得起國際金融中心的美譽，如果說北京不缺官員，則香港不缺人才，能留在這片寸土寸金的彈丸之地，找到一份薪酬不低且自己喜歡工作的機率，大概和能申請上博士的機率差不多。

你說留在香港工作不是長遠之計，生活成本這麼高，而且房價太貴了，開支太大，活得太不體面了──香港，不宜久留。既然如此，不如早點離開。

活得「體面」在香港是個奢侈的概念，和買個奢侈品手提包是兩碼子事。前些天和香港大學的一位教授吃飯，我問了一個赤裸裸的問題：「一年要賺多少錢，才能在香港算『活得體面』？」

「那要看你如何定義『體面』了，不同階段不一樣，如果你有小孩的話，」他想了想，停頓了幾秒：「一年大概要賺兩百萬才夠吧。」

然後他就開始算帳，要供房、供車子的油錢和停車費（香港停車位超貴），要請菲傭接送小孩，小孩要上國際學校……算了一圈，確實要兩百萬。

我驚訝之餘，狡黠地追問了一句：「那你過得一定很體面了？」

「我也就勉強及格吧，哈哈。」

說起體面，不得不提到另外一層涵義，就是有「體面的工作」。內地的社會輿論和家長們的概念裡，工作體面最重要。說你家孩子當公務員，體面，臉上有光，家族榮耀；在事業單位，體面，工作穩定，走路都像在飄；進學校當老師，體面，心裡特別踏實，尤其是女孩進了體制都變漂亮了，對象一定好找。

所有體面的工作，背後都有一個大前提——在體制內。不像香港奉行「高薪養廉」政策，公務員的薪水很高，但是僅香港本地人可申請報考。

香港競爭激烈，工作不好找，生活成本又高，回內地考個公務員或是事業單位吧，體面多了。不去體制內的話，往北望還有另一顆金融明珠上海呢。那裡一瓶礦泉水只要兩塊錢，人們講著能聽懂的親切普通話。在香港租一個七平方公尺小單間的價錢，在上海可以租個七十平方公尺的套房了，在那裡能睡得比較體面。

那天鳳凰衛視的閭丘露薇在講課的時候，談到自己對香港的印象，說香港是一個很多元和多層次的城市，她每隔幾年就會對它有新的認識，像一本書怎麼翻都翻不完。在香港學習和工作，是兩種截然不同的體驗。

也是，一年的時間，足以沖淡對一座城市表面的新鮮和好奇，味蕾開始適應了這裡飯菜的口味，不再頻頻吐槽和致敬家鄉的海鮮了，甚至開始認同這裡的飲食——口味淡，吃著健康，能多活幾年；口味淡，則不易多食，利減肥。最重要的是，香港食品相對安全，吃得放心再加幾年壽命。香港居民平均壽命比內地要高，主要靠相對健康的食材和先進的醫療。

除了飲食適應了之外，皮膚也漸漸習慣了室外的炎熱和室內空調的溫差，天熱的時候出門，會記得往包包裡塞件薄薄的外套或線衫，因為不管外面怎麼熱成了烤豬，室內一定空氣乾燥，冷氣十足，恨不得把你凍成狗。其實這體現了對人和職業的尊重，若是光著臂膀，揮發著汗味，對自己和別人都不舒服、不尊重。尤其對需要穿西裝的金融男女，室內涼爽是職業的基本需要。

在香港沒有車，坐了一年的地鐵。雙腳已經能自動平衡列車的加減速，不太容易丟人地前傾或後仰。新界、九龍和港島的距離，無非是多看幾篇微信文章的時間，不需要抬頭看指示燈或聽廣播，心裡大概能算出接下來是哪一站。

有好多細節體現著在這個城市殘酷表面的外衣下，最後的溫柔。我喜歡這個城市幾乎所有的洗手間都是乾淨的樣子，用的統一是坐便器，而不是簡單的一條溝槽（你懂的），這讓出恭的行為變得很體面；而且每個洗手間，還備有一間專門給殘疾人使用，裡面設施更加體貼高級。

我喜歡在過馬路的時候，聽紅綠燈傳出的「咚咚咚」聲，紅綠燈轉化時聲音頻率相應變化，這樣盲人就能聽出來此刻是否應該過馬路。我喜歡公共樓梯旁邊設有電動的平板，方便載著坐輪椅的人上下樓。

「大象工會」曾寫過一篇文章，問城市的殘疾人都去哪裡了，平常都見不到。因為一座城市的基礎設施，舉凡廁所、樓梯、紅綠燈等設計的理念，都是給健全人用的，沒有想到殘疾人。

這是我喜歡香港的一些理由——理性下的感性，殘酷下的尊重。

那天和牧師 Delton 聊天，聊起了內地來香港的留學生畢業後去留的問題。Delton 大哥是澳門人，在新加坡和台灣待過幾年，人生閱歷豐富。雖然喊他大哥，但其實比我老好多，早過了不惑之年。他的粵語，普通話講得不大好，說話時經常穿插一些英文單字。習慣了，東南亞一片的人都這樣。

他是激進派，認為年輕的時光不能尋求安逸，一定要打拚一番：「年輕人應該要 build your CV（增添你的履歷），而不是 build your wealth（增添你的財富）。如果僅僅來念個書、留個學，其實只不過是到了香港的一個校園而已，你還沒有看過香港真正的核心競爭力、價值觀、法制、自由金融的優勢等，你們沒有實際在這裡工作，是不會真正體會到的。」

我不能更同意他的這番話，前些天晚上又路過維多利亞港，像往常一樣望著對岸已經看了N遍的繁華港島夜景，我知道，這座城市還有讓我怦然心動的東西。

在香港這一年，如同人生明顯的分界線，割裂了我的過往和未來。之前的故事慢慢褪色，另一幅新的畫卷正在展開雛形，上面粗粗的線條勾勒出不清晰的未來。

內心的潮水還在暗暗湧動，不是表面拍打礁石激起的浪花，而是水下黑色的深淵，勢能龐大只有自己知道。

這座城市已經收買了我的夢想，讓我進入了 all in（全身心投入）的狀態。這種感覺，挺好。

深度思考，拒絕洗腦

如今我們肯定不缺資訊，缺的是識別資訊的能力。「深度思考」在這時就顯得尤其重要，沒有這個，資訊氾濫和沒有資訊，本質上是一樣的。

近期越來越感觸一個重要的能力，那就是深度思考能力。

記得有兩句風格類似的話說：「你要相信，你所看到的世界一定是表像；你要相信，我所說的每句話都是錯的。」以前覺得夠偏激、夠閃亮，現在覺得，大多數情況還真是這麼回事。

當別人告訴你我們這個行業多麼厲害，賺著一個月六位數的收入，在朋友圈曬著世界旅遊、名牌包包，儼然一副人生贏家的狀態，勸誘你進來一起合夥的時候，多想一下。

連歷史都尚且不能做到客觀的記錄，何況一個行業。任何行業都有贏家和輸家，這才是商業本質。只不過贏家擁有光環、聚光燈和話語權，而黯然離開的人，不會進入大眾的視野，說話連個回音都沒有。

同樣按照八〇／二〇法則，我們視野範圍所看到的一定是那一小部分，而且還是那一部分金字塔頂端的人的風光。陽光照亮了他們，你卻認為一定也能照到自己，就因為他們說，我可以，你也可以。

如今自己的圈子大了不少，接觸了一些對於這個世界而言所謂「高大上，自帶光環」行業的人，發現一個很有意思的現象。那就是行外人各種羨慕，行內人各種吐槽。

月薪幾萬的金融業者和月薪幾千的體制內教師，都彼此羨慕著自己所沒有的東西。說白了，沒有什麼是真正好的行業，也沒有真正壞的行業。關鍵是這個行業帶給你的東西能不能滿足你的熱情、匹配你的性格、發揮你的所長。

這些都是因人而異的。

既然都是盲人摸象看不清全貌，很多人會走向另一個極端，就是所謂的「拒絕被洗腦」。別人講一套新的理念給你聽，或是新的商業模式，聽不懂跟不上，就說別想洗腦我，我不吃這一套。

表面的全盤接受或是一味拒絕，都是沒有深度思考的結果。中國內地這幾年，因為網路在幾個「加速度」的推動下，確實一切都在迅速地更迭。套用 iPhone 6s 的廣告詞：「唯一不同，就是一切都不同。」

淘寶網「雙十一」活動的一天九百億，和你家街邊商鋪的冷清凋敝租金下調，彷彿冰火兩重天，就在同一時間，同一片土地上發生著。張小龍說過了三個月，微信就已經不是原來的微信了，當你還在賣商品，人家已經在賣場景了。到底是「洗腦」，還是「金礦」，沒多少人有慧眼。

既然說到「洗腦」，這裡忍不住要為這個詞正名。我認為只有缺乏深度思考的人，才會有「洗腦」一說。

網路時代為「自由意志」提供了釋放甚至是宣洩的管道，但「獨立思想」卻是以「自由意志」為基礎和前提，未必人人都有。如今我們肯定不缺資訊，缺的是識別資訊的能力。「深度思考」在這時就顯得尤其重要，沒有這個，資訊氾濫和沒有資訊，本質上是一樣的。

懂得深度思考的人，凡事都會多思考幾層，儘量接近理解事物的本質，有一套自己的人生哲學和價值觀。他們不會排斥新的理念，反而會更有好奇心去瞭解、去識別、去選擇，留下真正有營養的東西，拒絕或是執行。

缺乏深度思考的人，看到三四月份股票漲到傻子都賺錢了，結果五月份自己也去開戶淘金……然後，就沒有然後了；看到淘寶開店這麼賺錢，O2O那麼盛行，自己也去搞一家，結果悲催地發現線上營運推廣的成本已經比線下的還高了。網路的行業，好多都是一開始看不懂，到後來就跟不上了，永遠都是前面的人吃肉，後面的人喝湯。但是一開始人家在說在做在普世的時候，你不是說人家在洗腦嗎。

全盤接受也不對，一味否定也不行，怎麼破？深度思考的重要性，浮出水面。這個時代，話者多，智者少。

用深度思考打開世界的圈層

如今我們都生活在同一個世界，卻可能是完全不同的圈層，同看一場球賽，你我的世界可能沒有任何交集。這是網路帶給我們的融合，也帶來了分離。

所以多聽一些不同立場的聲音，哪怕是雜音也有助於多方位瞭解事物，看的、聽的多了，大概能瞭解大家在關注些什麼、在意些什麼，也許就能發現時代和行業的趨勢。不然磕破腦袋也想不明白，一個賣書賣情懷賣知識服務的羅振宇，已經做到了十三點二億美金的估值，而且這才只是剛開始。

多想想某些現象背後的動機，尋找看不懂的現象背後的合理性。多思考幾層後，發現很多以前覺得理所當然的事情，居然都不一樣了。這個外在形式，叫「腦力激盪」。

我們需要用自己的大腦去看世界，不然你所看到的，將是別人餵給你的世界。

用深度思考來瞭解自己，指導生活

這個世界已越來越熱鬧，但我還是那個觀點，其實很多人並不知道自己喜歡什麼和不喜歡什麼，直到你做了。在一個自己不喜歡或不能發揮專長的行業裡做十年，內心始終不能達到高層次的愉悅感，真的沒有比這更大的浪費。

好在人們有自我調整能力，透過不斷地試行錯誤，慢慢總是能找到方向，關鍵在於試行錯誤要趁早。在這個過程中，用深度思考發掘自己內心真正的熱愛、優勢和弱點，深刻地瞭解自己，就能夠不盲從、不隨從，這比什麼都來的重要。

另外，如果用坐標圖來呈現深度思考，「多思考幾層」是思維的縱向挖掘，而「多思考幾步」則是橫向現實拓展。體現在生活處事上，例如出門在外，會事先考慮可能發生的狀況，提前做好準備；例如與人交流，會多考慮對方的需要和感受，這個外在體現形式，稱做情商；例如做事業，會提前做好規劃和流程。凡事能夠多思考幾步的人，比較能做好風險控制，即使失敗也不至於跌得太慘。

總之，深度思考雖然會很累，但也會很有趣，不是嗎？

現在重要的不是賺錢，是成長

成長的目的就是把自己培養成好資產，並且獲得核心競爭力，從而獲得稀缺性，因為有稀缺性才有定價權。而定價權就是你作為一個職場人的價值籌碼。

在北京和讀者交流的時候，一個「九〇後」問我：「現在有熱情有夢想，也想幹一番事業，但是沒有錢、沒有時間，怎麼辦？」

我說這是假問題，沒有時間是因為你沒把這件事當作頭等大事，不敢把全部的時間和青春都押在這個夢想上，要嘛這個夢想不夠值，要嘛不是真的夢想。至於沒有錢，如果你確實有能力背負這個夢想，其實不用去找錢，錢會來找你。為什麼現在覺得缺錢，是因為能力的姿色，還沒有被資本看上。

畢竟現在真的不缺錢，缺的是可以投資的好資產。成長的目的就是把自己培養成好資產，並且獲得核心競爭力，從而獲得稀缺性，因為有稀缺性才有定價權。而定價權就是你作為一個職場人的價值籌碼。

職場上有個現象，就是聰明的人大多不太穩定，就像好看的姑娘城外的人都想挖個牆腳，誘惑太多；而穩定的人多半不聰明，因為沒有太多考驗忠誠度的機會，這是個難題。

所以為了招進優秀的人才，保持人才的穩定性，大公司拋出高薪和頭銜，創業公司則是給期權。哪怕你目前的能力還不能馬上完成價值兌現，但只要能力擺在那兒，職場素質亮在桌面上了，就立刻有了定價權——資本看到了依然會買帳，為啥？買的是你未來的商業價值呀，這就叫估值。

所以我們應該努力成長，儘快把自己變成好資產。那麼問題來了，什麼是成長的正確打開方式呢？以下四點拙見，歡迎吐槽，拒絕抬槓。

薪水是廉價的

在選擇職業的時候，只看哪家公司給的薪水高，真的是格局小的表現。雖然好公司和你談薪水，壞公司和你聊夢想，但是薪水真的不能成為選擇的第一因素。因為能用錢來談的，都是便宜的。

選擇一家公司或加入一個團隊時，最優先考慮的不是薪水，而是未來發展的前景，也就是這家公司或平台能夠提供給你的成長機會與資源。

比方說你的同事是不是很優秀，因為與優秀的人為伍，會更直接地看到自己的不足，知道提升的空間在哪裡。這點很重要，因為很多人都有自我成長的需求和執行力，只是看不到身邊的榜樣，不知道該如何改變。比方說你的老闆是不是願意花時間栽培你，而不僅僅是花錢雇你，因為對上司或老闆來說，時間一定比金錢更寶貴。

我現在自己請了人，也會在面試的時候特別謹慎，不是錢的問題，而是要看對方是否夠聰明，能在最短時間內完成培訓，儘快為公司帶來價值。因為時間越長，所花的時間成本越大，這些都是隱形的高昂成本。對方是否夠勤奮踏實很重要，因為好不容易培訓出來結果不久後卻辭職了，這給公司帶來的損失遠遠不及付薪水那般簡單，要重新招聘、重新面試、重新拒絕其他優秀合適的人、重新開始培訓、重新給予公司資源。和這些隱性成本比起來，薪水根本就不算什麼成本。

做的事業有時間複利

所謂時間複利，是指你做的事在時間的跨度下，經過時間的累積，越到後來越值錢。任何工作其實都是在不斷重複，區分在於一種是簡單機械式的重複，技術含量不高，例如一些體力活，或是專業要求不高的腦力活。去年、今年和明年所做的事情都一樣，但技術含量不增長，或增長速度太慢。

而另一種重複含金量較高，每一次重複都是在積累、獲得行業經驗。比方說做諮詢或投行，深度積累後的核心競爭力，會在網路的推動下，得到最大化的價值體現。因為一直在蓄勢，時間越長勢能越高，一旦開閘，一次的交易量有可能超過人家一年的血汗所得。

而我們需要做的，是儘量在一個正確的方向上，一直默默積累，然後靜靜等待時間的回饋。

正確的努力姿勢

行業不分貴賤，但確實有朝陽和夕陽之分。尤其是現在的中國，體現得更加明顯。感覺中國現今有兩個經濟體——傳統經濟和新經濟。傳統經濟的數據資料真心難看啊，感覺好像馬上要到達崩潰的邊緣。而以網路為代表的新經濟確實在蓬勃發展，好像未來一片光明。你在哪條軌道上努力，有天壤之別。

昨天和客戶聊天，他是在銀行體系工作的，他說現在傳統銀行的日子越來越不好過了，自己也在醞釀轉型。希望能去做投行或網路金融，因為看好未來幾年中國公司併購和網路的行業機遇。雖然最後結論不一定正確，但傳統銀行也在積極轉型，我覺得這個大方向也許是對的。

某位辣媽和我分享了她先生的職場經歷，幾年前從公司辭職，去了一家網路公司的網路金融部門，開始創業的時候收入是當時辣媽的三分之一，而現在是她的三十倍。

不要低估自己的時間價值

某位名人曾說過：「人的痛苦在於才華配不上夢想。」

舉例來說，最近也有一些不錯的公司對我拋來橄欖枝，但是我發現自己對一些專業方面的業務不熟悉，有些甚至是空白。不是夢想不大，實在是能力不夠，段位太高 hold 不住，尤其有種「書到用時方恨少」的無奈感。

心裡盤算著，因為這個專業領域的弱點，損失了多少白花花的銀子啊。雖然現在還在惡補，但是所花的時間成本可就貴了。就像我前些年的夢想之一是去世界頂級名校讀書，現在如果真有機會，反倒要慎重考慮，因為去讀書而失去這兩年事業發展的成本，還真不好說一定是筆好買賣。

在網路上看到投行人寫的一篇文章，裡面有一句話說：「要學的東西太多，每天早上醒來都在面對自己的無知。」我現在就是這種感覺。

所以不用急著賺小錢，應該花更多的時間，甚至花錢來投資自己，不斷更新，大多數情況下都是值得的。如果你覺得平常時間很多，不知道該怎麼打發，那就真的需要做些改變了，如果你希望改變的話。

Chapter

3

青春終將逝去，情懷永遠不老

青春終將逝去，情懷永遠不老

只有不斷地讓自己進步成長，
才是面對逝去的青春的解藥。

對於我去香港讀書的事，得到了許多回饋。

有人表示不理解的說：「漂泊之所以讓人羨慕，是因為你只見到漂上去的，沒見過沉下去的，後者才是大多數。」更有人言辭激烈的說：「你瘋了嗎，你都多大年紀了？好吧，你的獨特我永遠不懂。」也有表示觀望和不知為什麼支持的說：「好吧，請你繼續追逐你的夢想，因為你屬於不安分的世界。」

……

其實我也不知道自己為何要去香港，我只知道，自己還沒有看夠這個世界。時光太瘦，指縫太寬，畢業四年，埋頭苦幹，四周無光。在所謂的重點高中完整帶完一屆學生，見證了自己從一開始的青澀懵懂，到後來的稍有經驗與「油條」。

從每天的備課改作業，罵男同學怎麼不好好早讀，到教誨女同學妳不要哭了，老師相信妳下次一定會考好的；從每一個月的月考和兩個月一次的期中期末考，週末不是在上課，就是在監考。或者在瘋狂改考卷的末路上狂奔，一邊改一邊罵這學生實在笨得無可救藥，或者抱怨上個星期剛領的紅筆筆芯又全用完了。

每天高強度的壓榨下，從一開始被撕裂般的成長，到後來的慢慢適應，再到後來的逆來順受，我告訴自己，在公立學校當老師的生活就是這樣。然後用心靈雞湯來安慰自己這顆不安分的心，嗯，所有的偉大都是在每日的重複中熬出來的，嗯，是的。然後繼續備課、上課，改作業改試卷，罵男學生、教誨女學生。

而現在，我覺得不夠了。

學生高考畢業前的一個晚上，他們燃燒鋁鎂粉製造出高考前局部絢麗的效果，高三的學生從教室裡探出頭聲嘶力竭地喊著「高考加油」，高一高二的萌娃也都熱淚盈眶地喊著「學長加油」。

是的，他們在這裡經過三年基本上暗無天日的勤學苦讀，奮鬥終於迎來了自己的風口，不管風是大是小，終於要展開飛天豬一般的爛漫生活。而我們作為他們的助推者，將目送他們飛遠，然後轉過一個驕傲和落寞的背影，繼續教育、安撫、塑造下一批剛從教育工廠生產線運出來，還泛著熱騰騰青春氣息的幼崽。

對於那些飛走的其中一些人，我只知道自己幫助過他們，帶給他們正面的能量和改變；其中一些人，我也辜負了他們，能力有限，心有餘而力不足。我想儘量不辜負他們。而這一次，我想不辜負自己。

我知道自己還沒有成長到滿意的樣子，不論是做人的眼界、格局和性格，還是做事的專業和能力。青春逝去的太快，而成長太慢。我還沒有看夠這個世界，活在二十歲的後半段努力成長，精力無限，一顆心還很軟，還有一大堆夢想，還沒有理順人生。

然而夢想禁不起等待，就像耐吉有一句很棒的廣告詞：「Yesterday you said tomorrow, so just do it.」我已經揮霍了太多的 yesterday，tomorrow 已經越來越著急，我憋不住了。

朋友和我分享他在紐約時，和一位計程車司機等紅燈聊天的經歷，那位計程車司機說：「我已經活到六十歲了，可我到現在都還不知道自己這輩子活著是要做什麼的。」其實若是不知道自己活著的使命，這樣活著也挺好的。但要是幸運地知道了，那就要去行動、去改變。只要心夠大，裝得下，整個世界都是你的。最要命的是想著要做事，結果卻一直在混世。

對於未來我有個大略的規劃輪廓，但具體要做哪些事情，什麼階段到什麼過程，需做哪些部署和準備，還不甚清晰，但是那又怎樣呢？對我而言香港是個情結，也許待了一年之後發現是個死結，但是那又怎樣呢？我在完全不同的經濟文化環境中窺探了更多世界的樣子，在不同種族和價值觀的碰撞中重新發現了自己。憑著盲目的自信和樂觀，總會走出一條不一定寬闊卻自己喜歡的道路吧。

某位名人曾說：「人不會為自己做的事感到後悔，但肯定會為自己沒做過的事情後悔。」至少往後有資格對自己的小孩吹牛說：「孩子，去追逐自己想要的東西吧，不管是姑娘還是夢想，因為你老爸當年也幹過特別獨特又特別厲害的事，假如撞得頭破血流也沒關係，還是可以回來吃軟飯嘛。」

古人說三十而立，用現在的話來解釋，是指三十歲在事業上已經要有所成就，得以立足社會。我總覺得這不符合當代社會的語境，因為古人平均年齡就四十來歲，三十歲是該立了，因為再不立就快掛了呀。

但現在你念完大學就二十四、五歲了，讀完研究生都二十七了。當然這不包括那些年少有為的年輕人，意氣風發，羨煞旁人。我只能用漫漫人生長路，不在乎起點只在乎轉捩點，不差這幾年來安慰自己。

三十而立，立的是志向，人生剛剛起步。

況且，我還沒到三十呢。

縱使青春留不住

年輕時最重要的事，除了學習，除了認識姑娘與朋友外，
就是要瞭解自己，知道想去哪裡。

隨著自己的年紀逐漸接近「偽大叔」的行列，愈發深刻地感受到，身體健康和腰纏大把時間，真的是人生最大的資產。

在身體健康方面，只要不生大病，大多數人都不會當成什麼大事，只要定期運動，小肚子不要太明顯就好。儘量保持心緒平和，有火就發別憋著，要是心裡難過了，就像豬一樣在時間的泥潭裡滾兩圈，讓時間治癒一切。別老抓著不放手，自己嘔氣、費勁，也沒勁。身體的問題不出什麼大的意外，一般還輪不到二三十歲的年紀去憂慮。

但是時間，尤其是正值年輕力壯的時間，猶如金子般珍貴，然而很多人卻看不見，因

為格局有限，環境侷限。

我還在當老師的時候，總是和班上的同學們說：「等高考完，我不知道你們該選什麼樣的專業，但是有一樣是確定的，你們要儘量去大城市，因為大城市的環境所帶給你的眼界和格局，對於你們生命的啟發和改變，有時甚至比所選的專業還重要。」

如今我依然相信當年說的這些話。現在我的學生們已經就讀大學，平常用微信交流，我問他們學得怎麼樣，未來有什麼初步規劃了沒。大多數的回答是：「還行，就這樣混唄」、「關於未來還不太清楚，先考四六級吧」、「Spenser，你有沒有什麼好的書籍或者資料推薦啊？我感覺英語都快要荒廢了」。

其實大家不是不努力，而是不知道該往哪個方向使勁。有句雞湯說：「只要你知道去哪裡，世界都會為你讓路。」問題是，我怎麼知道我要去哪裡呢？

在大城市裡職業選擇多，平台起點相對高。如果一心要進特別「高大上」的公司，例如投行、諮詢，一些優秀的人在大學期間就會準備一個接一個的暑期實習，海外交換交流，考GMAT，積極準備申請頂尖學校的MBA，不斷地往自己的履歷上添磚加瓦。

人家已經在準備重新刷托福雅思成績了，你還在準備將來越來越沒用的四六級；人家已經在到處投履歷找「高大上」的公司暑期實習了，你只是回家鄉去當地小銀行打個雜、蓋個章算是應付了。

我從來不認為是學生懶，不努力。在重點高中經歷三年煉獄般的生活，以前我監考時，站在台上看著孩子們埋著頭振筆疾書，考完後為了幾分成績掉眼淚的場景，總是心生感慨，覺得孩子們太不容易了。只是在這種制度的框架裡，他們沒有太多的選擇。

因為自己在香港求學，經常會有家鄉的朋友或是一些家長來諮詢留學方向的問題。申請好學校和找好工作一樣，都是系統工程，需要提前部署，儘早規劃。

網路上還有這麼一句話：「不要害怕你走過的彎路，因為這些以後都會成為你的財富。」還是覺得這句話有點不負責任，因為有些彎路就是該及早糾正。現在行業的分工越來越精細，越來越專業。別說隔行如隔山了，同一行裡不同的專業分支都有各自的術語。

別拿年輕當資本，雖然年輕確實有無限的可能性和選擇，但是落實到每一個人的時候其實是很侷限的，千萬條路你只能選一條走。而且你還要摸索、理解、熟練，最後才能在這個行業有些名氣。十萬小時的深度積累，你才能成為這個行業的專家。問題是，你有多少個十萬小時可以揮霍？

另外，時間是有含金量的。二十幾歲的時候身體好、記憶棒、思維快、負擔少，可能沒什麼錢，但是腰纏大把的時間。宛如六〇年代的野生大黃魚般氾濫不值錢，餓了沒糧食，就吃野生大黃魚。

而三十歲之後，身體素質開始下滑，社會負擔大，時間彷彿變成今日的野生大黃魚，稀少珍貴，動不動一條上萬。時間成本隨著年齡增長，也是水漲船高。年輕時沒有選好方向，做好未來的規劃，等過些年再轉彎就不太容易了，容易閃到腰。

所以年輕時最重要的事，除了學習，除了認識姑娘與朋友外，就是要瞭解自己，知道想去哪裡。最重要的是，走這條路的時候，別老想著沒選的那條路的風景。因為每條路的風光，自己走著和別人看著，一定是不一樣的景。

正如同王爾德說：「只有淺薄的人才瞭解自己。」過去相信的，現在開始懷疑；現在相信正確的，未來一定會遭質疑。就某種程度上來說，任何的選擇都是對的，也都是錯的。原以為瞭解這個世界，但其實真正的世界往往在你所瞭解的對立面。

就像工作和戀人的本質也是一樣，其實都不完美。再好的工作也有想辭職的瞬間，再美的戀人也有分手的衝動。都有新鮮、心塞、瓶頸、徘徊的階段，不同的時間，看法和角度也不一樣。有時原以為接觸的過程是在瞭解對方，其實不過是更看清自己而已。很多時候，我們其實是不瞭解自己，卻以為對方是這個樣子。或者說，我們的世界，是由我們內心的感知所決定。是的，就是這麼唯心。

所以，賈伯斯在演講中說：「The only way to do great work is to love what you do. If you haven't found it yet, keep looking. Don't settle......until you find it.」（成就一番偉業的唯一途徑，就是熱愛自己的事業。如果你還沒能找到讓自己熱愛的事業，繼續尋找，不要放棄。）

所以，袁嶽說：「趁年輕，折騰吧。因為年輕時，折騰起來不用那麼費勁；因為折騰了，就知道自己的邊界和侷限，使勁跳一跳，沒搆著天花板，接下來的歲月裡，可以安心做個俗人。因為年輕時犯的錯，是可以被原諒的。」

年輕的生命就像是一根蠟燭兩頭燒，在燃燒後我們能否留下最滾燙的蠟，烙下無憾的印記？

健身

健身不僅僅是和身體較勁，也是和自己較勁。能不能一直堅持做一件你認為正確的事，不會半途而廢，不用重新再來。

那天和朋友在銅鑼灣的一家上海餐廳吃午飯，兩個人點了三樣菜，葷素搭配，外加兩碗米飯。聊到在香港的這段日子裡自己的一些變化，其中有個彼此共同的東西，就是更加注重自己的身材了。

一直到現在我還是覺得自己很幸運，當初在香港找房子的時候，上網找了一大堆租房資訊，最後陰錯陽差地到了大圍名城。在這個社區裡遇到的人與美好的故事，是這座城市贈與我的一份無比珍貴的禮物。而社區裡的健身房，也是其中之一。

社區會所裡的健身房空間不大但器材很齊全，最關鍵是器材品質好。我雖然不懂這些器材的品牌，但我嘗試了學校裡的健身房器材後，就沒有再去第二次了。這是一種關於設計、美學、品味、用戶體驗的感覺，沒有辦法用言語表明。

現在去健身或運動，要有相對專業的裝備：頭戴嵌入式運動耳機，上身穿輕薄透氣的運動短袖，而不是純棉T恤；下身穿修身運動短褲或者長褲，根據天氣陰晴冷暖而定，而不是隨便一件大內褲或休閒褲。更不會穿休閒鞋走進健身房，哪怕練的內容和腿沒什麼關係。

不知從何時起，對穿著開始講究起來。心理學說，一個人的穿著其實是為了加強內心想要扮演的角色，就像男人工作的盔甲是西裝，就像女人踩上高跟鞋，呼吸的空氣都比平時高出幾公分般驕傲。穿上運動套裝，不僅僅是為了舒適，也是告訴自己：「我準備好要流汗了。」

打籃球、踢足球等團體運動，大家互相合作，一群人與另一群人「群毆」；打羽毛球也是一樣，一個人與另一人「單挑」；而在健身房，則是自己與自己的較勁。

健身房通常比較安靜，最多的聲音是跑步機上有節奏的腳步聲、皮帶與齒輪滑出的摩擦聲，以及旁邊人的喘氣聲。大家彼此沒有交流，即使和同伴一起來，也只是偷空交流一下，便進行各自的訓練，不可能邊跑步邊聊天。

所有人各自帶著手機或 iPod，塞著耳機在自己的世界裡和器材較勁，撕扯著身體。沒有別人監督，只有自己知道練得有沒有盡力，是不是推十次的杠鈴，推到第九次的時候，就放棄了。

健身房裡面的氣氛，有時像宗教般凝重，頗具儀式感。經常看到一個哥兒們跪地雙手抱頭，抓著器材的手柄往下拉到底，頭幾乎碰到地面，緩慢反覆如同叩拜。他應該是在練習腹肌，我看著感動。想要使用器材練出肌肉時，不在於次數，而在於每一組都要盡力到位，這樣才會有撕裂的效果。

所以在健身房的人若是看起來表情輕鬆，基本上是來玩玩的。眼神堅毅，肌肉顫抖，血脈賁張，熱汗冒出，才是來健身的標準配備。健身房裡有飲水機，渴了去喝點水讓身體休息，牆面是半透明的鏡子，很多人邊喝著水邊凝視著鏡子裡的自己，什麼話都沒有，就這樣看著，然後把紙杯扔進垃圾桶，繼續撕裂。

假如上教堂是去對墮落靈魂做懺悔，卸下內心的包袱，重新上路；那麼上健身房就是對脂肪堆積的救贖，再次緊緻已經開始下垂的身體。弄器材為練肌，跑步是為耗氧。

最近我的睡眠品質一直不好，夜晚十二點躺在床上，心裡就已經提前知道可能要失眠了。黑暗中疲倦和睡意相互談判博弈，決定我什麼時候可以失去意識，往往一談就兩個小時，一點效率都沒有。早上必然是爬不起來跑步了。

後來我把跑步的時間改到晚上，從外面回來後換上運動裝備，名城又窄又長的社區結構很適合跑步，從一頭跑到另一頭，來回差不多七百公尺。後來發現比起晨跑，夜跑更加有感覺。

晚上十點的香港，空氣潮濕，溫度合適，旁邊高挑的路燈把路面照成半透明的黃色。跑的時候，從一撮黑暗跑到下一撮亮光，再進入下一撮黑暗，光影之間適合冥想。聽著自己的喘氣聲，好像是靈魂在和身體對話。旁邊草坪的台階上多是煲電話粥的人，表情生動偶爾會聽到笑聲，和在遠處的人表達著思念，傾訴著這裡的日子，電話那邊的生活。跑了幾個來回，他們還在那裡；跑完上樓了，他們還在那裡。也許對他們來說，時間是靜止的，或是不存在的。

對大多數人來說，想要達到自己滿意的體型，增加運動量和控制飲食同樣重要。一個負責開源，一個負責節流。我必須承認，用盡力氣不算難，難的是克制食物攝入。肉吃得少了、晚餐攝入少了，結果身體不幹了，發出各種訊號，釋放各種體內化學激素來增加對肉的敏感度與饑渴度，甚至影響多巴胺分泌，覺得不幸福了。Stay foolish 挺容易，Stay hungry是太難。

人類學說，我們儲存著腰腹的脂肪就是要以備食物不足時使用，想減去腹部的贅肉就是違反自然。然而現在食物的誘惑太多，多少人的減肥是毀在「每逢佳節胖三斤，仔細一看是三公斤」。減肥如同逆水行舟，不進則退，很多時候能保留在原地就算不錯了。哪有什麼勝利，挺住就是一切。而且隨著年齡增長，地心引力彷彿也跟著增加，鬆弛和下垂，簡直是不可逆的宿命。

克制永遠是比用盡更難的工作，比方說性事多了，容易不舉；吃多了，一定難瘦。很多事情皆是如此，所以真正的力量，不在對力量的釋放，而在於控制；真正的自由人，不是放縱的人，而是學會自律的人。

有時候減肥也好，健身也罷，不僅僅是和身體較勁，也是和自己較勁。能不能一直堅持做一件你認為正確的事，不會半途而廢，不用重新再來。

畢業五年，我卻把房子賣了

賣房不是因為缺錢，而是希望將自己的時間和資本投射在更值得的事情上，不想被牽絆，不想陷於瑣碎，內心保持專注和透亮。

我在五年前大學畢業，到家鄉所謂的最高學府任教，有穩定收入，有社會地位。家裡經濟條件也還過得去，第二年買了房，馬上又買了車，父母覺得兒子的大事已辦，不用操心了。而在外人看來，有房有車有好工作，算半個人生贏家，就等著迎娶「白富美」，一派走上巔峰的節奏。

可誰想到，五年後的我放棄了穩定的工作，車子留給老爸開，賣掉房子一切歸零，重新開始了。在這座三線城市，除了家人和朋友，已無身外之物。

剛開始到香港念書的時候，發了條微博：「在應該奮鬥的年紀選擇了穩定；在可以穩定的年紀卻選擇了漂泊。我的人生，真是一齣亂碼。」五年前的自己應該做夢也沒想到，會是這麼一齣戲。

問我為什麼賣房？

一直想著這間精緻裝修的房子該怎麼處理，賣掉肯定虧，租人捨不得，但是自己又不住，就這樣空著。隔幾個月回家就住幾天，搞得像度假酒店一樣。這間房子如同雞肋，原來的資產，如今已經變成負債。

這房子如果是買在北上廣深，我肯定不會賣，人家漲得正歡呢。但是在二三線城市不具備投資價值，甚至還有貶值的風險。如果不自己住，留著其實沒多大意義。猶豫了一年多，為什麼現在說賣就賣了呢？

因為有物質基礎，有氣力了呀。後來我才想明白，其實房子並不能帶來安全感，穩定的工作也不行，就像朋友說：「你現在倒是瀟灑，一身輕鬆呀。」我知道，自己的內心確實多了一些自信和淡定。

現在經常被問到的兩個問題：「你以後不回來，就做香港人了嗎？」「你的房子要買在香港嗎，還是上海、寧波？」

我的回答一般都是，如果一年能賺兩百萬以上，在香港或上海買房都是一樣的，因為都買得起。至於做香港人還是內地人，看哪裡有更好的事業機會就在哪裡，現在都是「國際人」的概念了，只能說居住在哪裡，至於是哪裡人也沒那麼重要。當然，以後要是有了小孩，再慎重考慮。

《華爾街之狼》裡李奧納多扮演的角色對員工說：「I want you to deal with your problems, by becoming rich.」（我希望你們透過變得富裕，來解決你們的問題。）夠世俗、夠拜金、夠功利，但在大多數情況下，這就是現實，就是真理。

好的收入並不一定能為你帶來幸福，但確實會改變思想的格局，和思考的維度。換成是以前，賣不賣房子可能會顧慮很多，例如裝修的錢虧了多可惜，又例如沒房子要是娶不到老婆怎麼辦？

但現在對這些問題都不會太擔心，因為有氣力了。賣房不是因為缺錢，而是希望把自己的時間和資本投射在更值得的事情上，不想被牽絆、不想陷於瑣碎，內心能夠保持專注和透亮。

好的收入還能提升你的品味。這幾天清理屋子，有些帶走有些留下，發現滿滿一屋子的東西，真正需要帶走的的確不多。一邊整理衣櫥，一邊噁心自己：「當時的品味還能更差嗎，怎麼這種衣服都會買回來？這面料、這設計、這剪裁，哎……。」

過去幾年衣櫃的衣服真正會穿帶走的，裝不滿一個二十四吋行李箱，其他全部塞進麻袋捐贈、扔掉。不過話說回來，如果現在的你想掐死過去的自己，那也算是成長和進步的證明吧，也只能靠這個來自我安慰了。

好的收入可以有能力讓身邊人過得更好。比方說，老爸經常對我說：「你現在做的事業我已經看不懂了，但是一個人在外面奮鬥，身體健康，注意安全最重要，錢少賺些沒關係，老爸還能再做幾年，做你的後盾。」

而我這次回來，對他說：「老爸我知道你還能賺錢，但我希望不久後你就可以不用賺錢，我來養你就好。當然我知道你享受的是賺錢的樂趣，要不然退休生活多沒意思啊，哈哈。」老爸開著車，笑笑，可能是嘲笑我不自量力，也可能是別的……。

朋友們知道我賣房子，一邊表示支持，一邊問：「你看這房子也沒住幾年，還裝修好的，賣虧了會不會有點可惜。」

我說：「當然會呀，但是現在賣只是斷腕，以後賣可能就要吐血了。」但我其實真正想說的是，金錢成本和時間成本比起來，確實不算什麼。

網路上流行一句話：「畢業五年，決定你的一生。」其實五年並不是一個絕對的點，而且現在是網路時代，未來還孕育著很多機會，不知道什麼時候會冒出來嚇你一跳。但是從過去的五年到今天，仔細想想這個世界發生了多大的變化，五年時間足夠決定一套思維邏輯，一種生活方式。

所以要重新開始的話，歸零要趁早。其實歸零沒什麼好得意忘形，關鍵是歸零之後知道要去哪裡、做什麼。不然你就真的只剩下零，連之前的「一」都沒了。

這幾年經常被人調侃，說現在混得不錯呀，當初怎麼這麼有眼光，有勇氣從那麼好的體制內出來呢？

我笑說：「人家都從央視出來了，我這算什麼？」當初離開的時候，到香港讀書至少花了二十萬吧，不工作也損失近二十萬，左手出右手還沒進的，兩邊都是花錢。當初有勇氣是真的，有眼光絕對是假的。

但是沒辦法啊，有房有車就是無法滿足我內心的缺乏，我就是貪婪地一定要過自己喜歡的生活方式，做熱愛的事。我們離開家鄉，很多時候不是因為能力，而是因為性情，因為我們腫脹的內心，因為青春逝去的焦慮。

關於工作我有自己的理論，現在社會和職場從來不缺乏努力工作、追求上進的人，但是同樣的努力在不同的平台下，得到的收穫完全不同。這點我本人已經驗證過了，不要和我說什麼努力就會有回報的話，你和你的同齡人同樣努力一個月，收入差距二十倍，你還覺得你的回報有價值嗎？

如果你每天都說自己很忙，生活品質和收入卻長年不漲，我不能說你的努力一文不值，因為你至少消耗了時間。所以選擇比努力重要太多倍，不需再強調了，就像那句流行語說：「不要用戰術上的忙碌，來掩飾你戰略上的懶惰。」讓你的努力更增值，是對時間、對自己的最大尊重。

如果不能用收入來當作衡量努力工作的唯一價值，那就要看你是否熱愛這份工作。以前溫飽排在第一位，有工作就不錯了，哪管什麼喜不喜歡，太矯情；現在不一樣了，物質豐富，即使沒工作也不容易餓死，所以工作不再是單純為了謀生，而是為了實現價值和找到熱愛。因為內心是不會說謊的，自欺欺人也沒有用。

還在從事現在的工作無非兩種因素，要嘛是因為熱愛，要嘛是因為恐懼。現在還在天天抱怨工作的人，勸你趁早辭了吧，又不是沒工作活不下去。但是如果沒勇氣外加沒能力，那就最好閉嘴。應該感恩，而不是吐槽，這是智商問題。

就用和菜頭的一段話，對畢業五年的自己說：「我會聽別人的想法和意見，但不會被其左右，我只聽自己內心的聲音，只做自己認為正確的事，和成為自己想要的人，不會被世俗規範，更不可能被輿論綁架。」

如今又重新上牌桌，手裡拿一副新牌，目前看著好像還不錯。
這次不贏，不下桌。

趁早結婚是上個世紀的殘羹冷炙

在香港的男女一般都過了三十才結婚，因為那時經濟已相對獨立，思考也更加成熟，更加清楚地知道自己需要的另一半是什麼樣。

家鄉非常要好的一位女性朋友（天地良心，真的是女性朋友而已）突然發微信給我，說她失戀了。我打電話過去，一通無用的分析和溫暖的安慰。當然，誰對誰錯已不再重要，碰上了就是命運，生活裡總會聞到鮮花或踩到狗屎。但是她說的一個想法，倒是引起我的重新思考和審視。

她說：「在象山這個小地方，身邊人的輿論總會給自己壓力，什麼年齡不小了應該要嫁人啦，再拖下去好男人都被搶光，會沒人要啦等等。」

我知道她是一個獨立思考能力較強的人，但是身邊充斥的剩女輿論也確實讓她感到心煩。然而我現在越來越深刻地認為，這種輿論不僅不負責任，而且猶如溫柔的精神砒霜，毒害不淺。

中國家長總是告誡自己的女兒要好好讀書，不要談戀愛，然後畢業後恨不得馬上把女兒嫁出去，找個好歸宿，沒有給予她們足夠成長的階段和耐心。當然現在對於大學談戀愛的態度已經開明很多了，例如我的老師 Nancy 就希望她女兒能在大學時談戀愛，還說這是必修課，我不能更同意她更多。

然而對於早點結婚的態度還是很保守，好像越早嫁出去越有優勢，愛之深，情之切，好像心中有個 deadline 似的。導致女孩本來沒那麼著急，想慢慢挑、細細選來著，結果被搞得好像談個戀愛就被一雙雙焦急的眼神窺探著，耳邊還不停地縈繞著回聲說：「在一起、在一起、在一起……。」

其實何必對自己的女兒這麼沒信心呢，而且嫁出去了就一定萬事順心嗎？婚姻之於男人和女人，都是人生最大的一次賭博，再權衡都不為過。因為當一個女孩子說「我願意」的時候，只有一個理由，就是我愛你，想和你永遠在一起。

試想，若是她沒有完全做好平衡思考和內心決定，就被這些輿論影響了這一生最重要的一次判斷，婚後如果幸福那還算圓滿，萬一在若干年後不幸地發現自己選錯以離婚收場，可想而知又會聽到另一種輿論聲說：「好可惜，不是挺好的嗎，就這麼散了」或「有時生活就是這樣，要學會珍惜，不能要求太高」等等。

除了父母，所有談論的人都可以有恃無恐，因為這不是他們的生活。他們只會咀嚼著誰和誰在一起了，誰和誰又分開了的結局。而其中的心酸和無奈，只留給當事人品嘗。雖然不是那個最終做決定的人，但那些催人早結婚的人，難道不是製造悲劇的幫兇嗎？很多時候，看似贏了戰役，卻輸了戰爭。

至於另外一個論調說，女孩年齡越大就越貶值沒人要。這是個謊言。有一個愛情經濟學的理論說，愛情就像談判的博弈，都是拿自己的籌碼交換對方的籌碼，若是能等價交換，感情往往會變得更牢固。雖然愛情這東西一被拿來量化和分析，大眾就會不高興，但有些時候卻不得不承認它的合理性。

隨著女孩的年齡增大，也許皮膚不再緊緻，身體的某些部位開始下垂，但是個人經濟獨立性開始增強，品味會提升，穿著更加精緻，舉手投足更加有味道，思想更加成熟。這些才是一個男人真正看上的東西，而且不會隨著歲月增長而貶值，反而增值。面對一個只有外表而無內涵的女孩子，一個真正成功自信的男人只會短期炒作，怎麼可能長期持有。

所以假如女孩只想以自己年輕的身體作為籌碼，或許能吸引到一大票和她一樣有精力沒能力的男人，因為彼此的籌碼都一樣。

所謂被大眾認為年齡偏大的女孩，只要她有能力，也許她吸引到的男人範圍會開始縮小，但留下的都是些層次高得多的男人，她的戀愛或婚姻也會變得更加有趣和美好。是的，無論二十、三十、四十，甚至五十多歲的老男人，大多喜歡年輕貌美的女孩子，但是他們不會只用下半身思考。

我在香港，當然也認識了一些港女。「港女」在社會語言學中屬於貶義詞，她們拜金、物質、看不上一般男人、喜歡依附強者。

其實換個角度思考，她們經濟獨立，自己能養活自己，買得起奢侈的包，配得上她們精緻的妝容，氣場和魅力指數都不錯。哪怕沒有男人，她們也能生活得風生水起。給她們貼上負面標籤的男人，多少是有些 hold 不住她們，有種「吃不到葡萄說葡萄酸」的無奈感。

在香港的男女一般都過了三十才結婚，因為那時經濟已相對獨立，思考也更加成熟，更加清楚地知道自己需要的另一半是什麼樣。

同樣的，一個成熟的社會也更有包容度，會更加尊重每一個人的生活方式和人生選擇。而在象山的四線城市女孩們，我還是希望她們能夠真正追隨自己的內心，專注自我的提升，別太被落後的輿論左右。

我的愛情，與你何干。

不負春光，野蠻生長

在北京，有躲不了的霧霾、治不了的壅塞、買不起的房子，但是對很多年輕人來說，也許只有在這座城市，夢想會更容易受資本青睞。

這次來北京，徹底改變了我對她原有的印象。霧霾下的京城，生意盎然。

CCTV證券諮詢頻道的主持人Daniel前些天和我說他們頻道介紹，想辦一場投資「思享會」探討金融和媒體的關係，他說我主業是做金融的，又是自媒體人，希望我能夠做個分享。

分享的地方不是央視大樓，而是二環的一座四合院裡，緊鄰著雍和宮。下了計程車，走進東四十三條狹窄的胡同，兩邊有流動攤位的小販賣著襪子，做著煎餅，一派市井氣息。

我問 Daniel，你確定是在這裡辦活動嗎？我的職業思維公式是，辦這種投資分享、財富論壇之類的，一般都偏愛選高級酒店，以彰顯公司財力或主辦單位的等級，今天喜來登，明天半島，後天香格里拉。而在四合院舉辦這類活動，我當下心想：「皇城腳下的人，真能玩。」

紅牆，青釉，假山，流水，越過門檻進入大堂，又是一個會所，私密，小眾，低調。四合院的主人是個老北京人，自己做投資。

來的基本上是創投圈的人。比如北郵的大學教授王立新分享將在這幾年推出的5G，關於物聯網，關於私人定制的精準行銷。比如厚持資本的高鵬分享他如何做雲端產業鏈的投資思路，和他相信的網路投資思維的兩個核心：專案必須資本化、贏利模式與商業模式應該互相分離。而我分享了在網路下自媒體人的商業邏輯，還好之前準備了一些，也經常講這塊的內容。

沒有形式和規矩，沒有情懷和夢想，談的全是未來的思考和現在的佈局。乾貨很硬，氣場很強。分享，問答，討論，將近三個小時。晚上四合院的主人擺了兩桌，在京城四合院裡大家一起吃飯聊天，一抬頭，院子上空掛著一輪京城的月亮。晚上從四合院出來，還是小胡同，還是市井小販在叫賣，還是輕度霧霾。

一牆之隔，兩個世界。

第二天去了公司設在中關村的辦公室，見了《風口上的豬》的作者Raphael（肖璟），我前年就在網路上看過他的書，而現在我們居然成了同事，人生真奇妙。Raphael從香港中文大學畢業後入職上海麥肯錫，後來在北京創業，敗了一家、賣了一家。我說既然來中關村了，就要帶我去有網路思維的餐廳吃飯。

於是我們去了黃太吉，他說：「和上海、深圳、香港對比，北京的網路創業氛圍是最濃的。創投圈的人都在這，這裡可以學到很多東西。」所以霧霾也趕不走大家的熱情。

飯後他帶我逛了一下旁邊有名的中關村創業大街：天使匯、黑馬會、京東開放孵化器、中國人投資中心，以及大大小小創業氛圍的咖啡店、聯合辦公的場所，氪空間裡還有床和淋浴間。

這種氣氛是香港沒有的。香港有金融，但沒有網路。以前覺得北京的計程車司機，談的都是中南海人事調動，但現在這裡的人聊的卻都是網路的事。

這裡的「九〇後」就是公司的CMO、COO。畢業兩年的小夥伴，名片上的頭銜就是投融資經理，口裡說的是估值、風投、天使和A輪B輪、商業模式等。錢在這，資源在這，只要你年輕、有想法、有執行力，就能拿到錢。要是能講出一段好故事，估值還能再翻個倍。

在這裡，「六〇後」和「九〇後」一起玩，老的負責出錢，年輕的負責出力。這座城市比想像中要年輕，真是美好的世界。

我又忍不住拿北京和香港做對比。有人說香港本地的年輕人沒有夢想，因為房價高得離譜。香港人雖然勤奮，但一生就是為了成為房奴而奮鬥，有房之後為還貸款而奔波。但這只是表像，房價北京、上海、深圳就不高嗎？我想關鍵還是因為香港的社會結構太穩定、太單一，階層流動管道太窄。

香港沒有網路的人口基數和生態基礎，有的大多是保險經紀、房產經紀、金融仲介，導致香港人多是打工思維，而不是創業思維。此外就是沒有大量豐富的創投資本流向年輕人，因為沒有生態基礎，投資圈的人自然就不在這，當然也就不會聚集想要融資的年輕人。在香港，拿錢的門檻和成本太高。

當然，身邊也有港漂的朋友用網路完成了一些不錯的專案，但這畢竟是少數，而且規模也不大。當 Sasa、卓越、周大福都開始配合支付寶，那一刻我感覺到香港在網路方面，已經被內地甩出了幾條街。

幾年前剛來香港時，香港在地人都用 WhatsApp。當我說我用微信的時候，他們好些人的反應是：「我們香港人不用內地的軟體，不好用，不安全。」然而前段時間的酒會上，有個香港人竟對我說：「我們加個微信吧。」

當然，香港的核心競爭力還在，尤其在稅制、法制上的優勢。但若是要再談驕傲和優越感，就顯得有些井底之蛙了。

我在想，為什麼這次對北京的印象，和之前會有那麼大的不同？

可能是因為圈子。因為讓你喜歡或者討厭一座城市的，並不是城市本身，而是在城市裡有沒有屬於你的圈子。

在香港的港漂們，有多少說著不喜歡香港，準備離開的人，就有多少說喜歡香港，賴著不走的人。於是經常會看到文字辯論，口水亂戰。誰都有道理，但都很片面，因為立場決定真理呀。

世界也許變得越來越平，但一座城市，尤其大城市，就是分階層和圈層的。劃分的標準不一定是錢和地位，也許是這座城市有沒有愛的人、有沒有好友圈、有沒有熱愛的工作等等。只要你最看重的東西在這座城市裡有，就是你喜歡留下來的理由，反之亦然。

在北京，有躲不了的霧霾、治不了的壅塞、買不起的房子，但是對很多年輕人來說，也許只有在這座城市，夢想會更容易受資本青睞。

猶如汪峰用嘶啞的嗓音唱著：

咖啡館與廣場有三個街區，
就像霓虹燈到月亮的距離。
人們在掙扎中相互告慰和擁抱，
尋找著追逐著奄奄一息的碎夢，
我在這兒歡笑，
我在這兒哭泣，
我在這兒活著，
也在這兒死去。
……
北京，北京。

在美利堅的彷徨與驕傲

我更感興趣這座城市的人，因為他們才真正承載著這座城市乃至這個國度的風貌。他們在這裡學習、工作、生活，所形成的想法、態度、思維，才是真正吸引我的內容。

去美國時朋友很有心，幫我找的住處地理位置極佳，就住在 Harvard housing 的十九樓。倚在陽台上，十二月的陽光映著眼前的查理斯河和兩旁砌著百年紅磚的哈佛大學，顯得格外明亮。

白天走校園逛博物館壓馬路，晚上和朋友吃飯聊聊天，或是乾脆找個溫暖的咖啡館，甚至宅在家裡看書寫東西。不著急目的，沒有匆忙的心情，享受在一個城市慢慢生活，融入這座城市節奏的感覺，而不僅僅是到此一遊。

波士頓算是美國最古老的城市，這座城市像是一部美國歷史的聚集地。隨便拿出一條街，一個公園，一座建築，一所大學，動不動就是「幾百年」、「建國初期」的腔調。一六三六年建成的哈佛大學，建校史比美國建國史還長。走在一八九八年落成的波士頓公共圖書館，有種漫步歷史的沉重感，嚴肅到不行。更妙的是，這種歷史建築並沒有被生硬地保護起來，割斷了當代與歷史的連接，而是免費對公眾開放，自由借閱書籍，那一刻耳邊隱約迴盪起「from the people, by the people, for the people」的聲音。漫步在著名的波士頓公園，駐足在各種歷史雕塑前，配上十二月的冷肅，彷彿都能聽到當年爭取自由的槍聲。

不禁感慨起老美保護自己國家的歷史，確實做得還有模有樣的。但這些並不是最吸引我的部份。

我從來不是一個滿懷歷史情懷的人，無法從一群冰冷的歷史建築中看到一個民族的氣質和活力。我更感興趣的是這座城市的人，因為他們才真正承載著這座城市乃至這個國度的風貌。他們在這裡學習、工作、生活，所形成的想法、態度、思維，才是真正吸引我的內容。尤其是這裡的留學生和在這座城市工作的中國人。

朋友 He 已從哈佛研究生畢業，目前在波士頓工作，這幾天跟著她混，認識了一些在哈佛念書或是畢業工作的中國老鄉。

前天晚上坐在哈佛廣場的星巴克裡等她，她加完班已經是晚上九點。跟著她去朋友家裡的小聚會，一屋子哈佛中國留學生在溫暖的客廳裡面嘻嘻哈哈，頓時發現在海外一起講普通話是多麼親切，印證了語言學說的：「語言就是身分」。

Lu 貌似是這間屋子的主人，為我們端上了熱氣騰騰的火鍋丸子麵。後來 He 在聊天的時候特地和我介紹：「Lu 是一個傳奇人物，你去百度搜她，全是她的作品和事蹟。她曾在一席上做過演講。」

「一席的演講我有在看呀。」那一刻我的大腦神經「噌噌」冒著光，激發著尋找過去的連結。想起我在兩年前曾在網上看過，她以「炸彈，樹木和黃金」為主題的演講，當時還把這個影片連結給了 He，並且調侃她說：「同樣在哈佛學設計，人家都那樣了，你怎麼還沒混出名堂呢……。」沒想到會在這麼一個場合見到本人，世界真小。

Lu 在美國西海岸讀的本科，目前在哈佛快博士畢業。我們東扯西扯地聊了一大堆有的沒的，從言語中能感受到她滿溢的才華，她對於自己的領域相當投入，希望畢業後去北大教書。聰明，知性——她完全顛覆了我對女博士的印象。

十一點鐘回家，和 He 沿著哈佛校外古老的馬路走著。我調侃她說：「你們哈佛畢業的，工作得符合兩條標準，要嘛就是起薪特別高，要嘛薪水不高，但是未來增幅很大。」她很認真地回答：「兩者都沒有，她們公司的櫃台也是哈佛本科畢業的。」她說美國本科教的很多內容都是一些形而上的東西，什麼哲學、人文、經濟或社科之類，抑或一些理工科的基礎學科。而像醫學院、法學院、商學院等很多專業的知識，很多都是到研究生階段才讀的。

也有很多人畢業後去了華爾街或自己創業，而且哈佛這裡從來不缺天使和風投，看了太多畢業生遞過來的名片，頭銜動不動就是CEO或總裁之類的。但是那又怎麼樣呢？大家的生活一開始都是很辛苦的。這裡的學生大多數都沒錢，有錢的多半是來自內地的富二代。不過現在這個年紀，關鍵是理想啊。

我覺得她和 Lu 有個共同點：她們選擇的學術或職業，都是自我價值觀驅動下的結果，知道自己的性格特點、優勢和劣勢，做相對忠於自己的選擇。

He 和朋友去滑雪，約我一起去。我沒帶裝備，而且主要是擔心受傷，我可不想這次美國之行終結在自己的意外事故上，雙腳還要繼續在這片土地上多踩幾天呢。她說：「那你下午可以來參加中國留學生舉辦的讀書會。」後來證明，對於沒能和她一起去滑雪這件事，我一點都不遺憾。

讀書會在她住處的樓下會所裡，下午三點開始，我穿過哈佛校園提前十分鐘到。陸陸續續來了一些中國留學生，不一會兒半圓形的場地就圍坐了十來個人。彼此寒暄介紹之後，我大概瞭解到他們是附近哈佛大學和東北大學的學生。我問了其中一個哥兒們：「你們都在讀研究生嗎？」

哥兒們說：「哦，怎麼說呢，我們這兒吧，沒有沒讀過博士的。」

……

讀書會的主題是「從畢卡索、葛蘭．古爾德、邱陽創巴來談人生的孤獨與彷徨」。我一聽也是醉了，要不要這麼形而上！要不要這麼文藝！

演講的是一個天津人，穿著休閒格子襯衫搭卡其色褲，脖子圍著暖色系圍巾，氣質文藝，眼神犀利，舉手投足談吐和說相聲的曹雲金簡直一個樣兒。他坐著講，用幻燈片展示著畢卡索各個時期的作品風格、古爾德的音樂和邱陽的書，聊著作品折射出來的大師們的孤獨和彷徨。

從整場演講敘事內容的結構、組織、鋪陳，到說話語氣的強弱和重點，包括臉部表情和肢體語言的配合，這哥兒們的水準都可以上TED了。最關鍵的是，這麼一個虛無縹緲的空大主題，被他詮釋得確實很有深度——這哥兒們有貨呀。

大家圍在下面聽得很認真，有聽不懂的就打斷問，他回答完後繼續講。講了一個半小時，內容很高能，呈現接地氣，學了不少。之後大家點了外賣，在會所一起吃了溫暖的晚餐。他們個個都挺能聊的，還好自己也算是半個能聊的貨色，倒也和他們談得愉快。

聊創業，Cheng 是哈佛商學院的博士，本科在哈佛念哲學，她說她分析了那麼多案例，聽了好多商業的思想和創意，其實成功的關鍵不在於想法，而在於執行，執行力才是王道。聊美國生活，Wang 是北京女孩，美國讀完MBA在曼哈頓工作，做銀行信用分析之類的。她說她剛到紐約時挺興奮，又是在著名的第五大道上班，滿足了自己的幻想、別人的期待，但是現在覺得留在美國也未必好。

「國內每天都發生著變化，而美國每年都一樣。」

「洛克菲勒中心那棵著名的巨大聖誕樹，每年都會拿出來重新再放一次。」以她在美國的學歷和曼哈頓工作的經歷，回北京可以再找一份薪水不比這邊低的工作。父母在北京，國內有穩定的朋友圈，她覺得在這裡工作除了所謂的光環之外，也沒有太多留戀，於是在考慮要不要回國。

對於海外留學或工作的人來說，留下還是回國的問題，似乎永遠是橫亙在心中的太平洋，翻滾著內心深處的暗流。我和她說：「其實妳心裡已經有一個傾向，接下來就是選個合適的時間，等條件成熟，追隨自己的內心。」

他們來自不同的背景，跨越了十一個小時的時差，在這片熟悉又陌生的土地上，調侃著孤獨和彷徨，嬉笑著愛情和理想。他們是一群天生驕傲的人。

馬上就要離開這個城市前往紐約了，回憶已經足夠美好，未來還在招手。某人曾說波士頓是去過最喜歡的地方，沒有之一。不知道我在未來的日子裡，會不會經常惦記，時常想起。

紐約的夢

不管做什麼事情，是什麼身分，只要不違法犯罪，基本上沒人會去評價你。個人生活方式的選擇，基本上都會得到別人的理解和尊重。沒有人站在所謂道德的制高點對別人進行道德綁架，輿論淹沒。

我在美國這片熟悉而陌生的土地上已經晃蕩了半個多月，從一開始飛機剛落地時的興奮，到現在離開時的淡定，走過的路、看過的景、遇見的人，內心的衝撞，一幕接著一幕，像做了一場豐富的夢，需要今後漫長的歲月來消化。

Qiao 和他的朋友沿著高速公路一路南下，把我送到紐約曼哈頓的下榻處，位於著名的第五大道和三十四街的交接點。一下車就被四周的嘈雜淹沒，一秒鐘驅散十二月冬夜的冷寂。住的地方名叫 Herald Tower，大門上印著幾個燙金大字——Luxury Rented

Building。拖著行李站在大門前，眼神有些興奮，心想終於來紐約了。

常聽人說，是不是每個心懷夢想的人都有一個屬於紐約的夢。一抬頭，看著頭頂上的建築覺得有些眼熟，樓下好多遊客都在排隊，問旁邊的黑人大哥這棟是什麼。

「Man, this is Empire State Building. Do you need a ticket?」（先生，這裡就是帝國大廈，你要上去的票嗎？）

原來自己就住在帝國大廈旁，那座在電影裡演繹著浪漫橋段的帝國大廈，終於理解為什麼我之前問朋友地理位置好不好的時候，都會遭致鄙視的眼神，彷彿像在說：「什麼叫好不好啊，這個位置是曼哈頓頂級的好不好。」

確實是頂級的，左邊是著名的第五大道、帝國大廈、洛克菲勒中心，右邊是麥迪遜廣場，往上可以走到曼哈頓上東區和中央公園，往下走就是華爾街和唐人街。一句話，我住在曼哈頓的最中心區。

如果說波士頓是一個衣著得體、風度翩翩的紳士，那麼紐約就像是一個脖子上掛條粗金項鍊的暴發戶。在這裡一切都赤裸裸地展示給你看，在曼哈頓上東區燈光融合的餐廳享受了食材極好、服務極佳的午餐，而旁邊樓下地鐵裡的鋼筋卻滴著鏽水，刺耳的列車聲帶來陰冷的風，月台上睡覺的流浪漢裹一裹破爛的棉被繼續睡覺。走在馬路上，各種膚色的人擠成一堆，熙熙攘攘地說著各種語言，穿著各種服裝。果然紐約才是大熔爐。

在這裡，好像發生什麼事情都不用驚訝。我買了個麵包在路上吃，一個黑人大哥走過來問我能不能分享一些給他。大街上，一哥兒們在寒風中拿著麥克風熱情澎湃地大聲讀著《聖經》，陶醉其中。地鐵通道裡一白人拉著手風琴，旁邊黑人小夥敲打著臉盆，動感十足。月台上等車有時候是愉悅的感覺，因為經常有樂隊在旁邊演奏。有一次看到樂隊的主唱突然停下來，走過去接過一對情侶的手機，幫著拍下他們在音樂中跳舞接吻的視頻，然後回到樂隊接著唱。

朋友說在這裡待得越久，越能體會到「自由」的含義。家庭年收入四萬到一百萬美元的都叫中產階級，都可以過上體面有尊嚴的生活。因為都有房子可以住，區別只不過大或小，靠街邊還是靠花園；醫療和孩子的教育基本免費，不會為生活帶來巨大的壓力，所以大多數美國人沒有儲蓄的習慣。

此外美國的物價很低，吃穿和開車都花不了什麼錢。這點我實在是嫉妒的認同，幾十塊錢就可以吃一頓非常奢侈的大餐；在超市買滿滿一後車廂的食物，都不一定會花上一百美元。

更重要的是，當政府保證了物質上的自由之後，接著就是精神自由了。因為不太需要為溫飽和未來擔憂，就不需要聽一大堆的成功學來告訴你要拚命工作、要巴結領導、要出人頭地，更多的是在追尋自己感興趣的事業。不需要戀愛的時候看對方的家境來尋找安全感，可以真正聽從內心愛的感覺。

在美國，大多數的生活比較簡單，沒有那麼多誘惑、掙扎。平時上班，晚上陪家人孩子，週末開車出去玩或者收拾自己的大房子。看著四周的美國人十個裡面六個胖，在「大農村」尤其如此，不知道是不是和福利好有關。當然，想要在美國找到工作留下來，對許多人而言並不是件容易的事。

但最重要的是，在紐約，甚至在美國，不管你做什麼事情，是什麼身分，只要不違法犯罪，基本上沒人會去評價你。選擇個人生活的方式，基本上都會得到別人的理解和尊重。沒有人站在所謂道德的制高點對別人進行道德綁架，輿論淹沒。這畢竟是件愚蠢的事情。如果一個人的成功不是得到社會認可的唯一方式，那剩下的就是有趣了吧。所以在這裡，對一個人很高的評價就是「He（She）is pretty interesting」。

感覺糊裡糊塗地就在紐約待了一個星期，和朋友吃飯聊聊天，四處轉轉，看看博物館，逛逛中央公園，吃著朋友媽媽燒的湖南菜，滿足得不行。購物時看著 made in China 的衣服在第五大道賣就提不起興趣，想著這料子還不如故鄉象山產的好。

帝國大廈雖然在旁邊，卻不想在大冬天排幾個小時的隊，終究沒有登上去俯瞰紐約全景。二〇一四年最後一個夜晚，曼哈頓時代廣場人山人海，我沒有大的熱情去倒數。想想終究是因為歲月吧，那些只是象徵意味的東西，在生命中裡漸漸褪色，沒有參與也不覺得遺憾。現在越來越覺得，去哪裡或在哪裡真不重要，只要身邊有愛，做事有光，就是對時間最好的不辜負。

這趟美國行，我心裡清楚是一次遲到的約會，但時光並沒有辜負我的等待，一路上帶給我的豐富，已超過我的期待。雖然沒花什麼錢，但是玩得很任性，遊得很有深度。邊走邊看也更加清楚地知道，自己未來想在哪裡過什麼樣的生活。美國很大，波士頓最美，紐約很精彩，但這些都已經從自己的夢想清單中劃去，留在最美好的記憶深處。

過去的這一年，在生命的長河裡，絕對是濃墨重彩的一年，從香港到紐約、波士頓，心裡的遺憾得到彌補、夢中的念想得到滿足，青春的騷動也得到釋放。時間並不殘忍，世界還很大，但自己的篇章我已經看夠。接下來的日子可以找個城市，或大或小，娶妻生子，默然相愛，掙錢養家，寂靜歡喜。

終於回家了……。

我們註定要和一些人告別，和另一些人連接

現在想要瞭解或愛一個人，光是表示理解，或是走進他的世界都是不夠的，要成為他世界裡的玩伴，負責共同成長、負責彼此成就、負責填上彼此的空白，成為兩個相互咬合的齒輪，去共同面對歲月的不斷輪迴。

這個時代的我們，註定要和一些人告別，和另一些人連接。

每次飛回家，待的時間不多，見的朋友越來越少，不過和兄弟L都會抽空見面。我們初高中同班，六年同窗共同的成長經歷。他數學比我好，我英語比他強；打籃球我負責殺進內線，他負責周邊投射。大學畢業後各自回到家鄉體制內，他是思想走在年齡前面的人，幾年仕途摸爬滾打當上副科，去年五月結婚，今年馬上要有寶寶了。

前些天回家，夜晚九點半他開車送我，熄了火我們坐在車裡沒有開燈，窗外下著雨，我感慨：「一年半以前，我們倆的人生軌跡還幾乎一樣，可如今你結了婚，馬上要有小孩；而我，離開了這地方，換了工作，現在還賣了房子。」

他苦笑著說：「我負責任地跟你講，你一定要珍惜現在的日子，前兩天我坐在馬桶上，想著我未來的 dream list（夢想清單），其中一個是我想去美國洛杉磯斯坦普斯中心，看一場科比退役前的比賽，現在看來是不可能的囉。工作沒有假，老婆還等著生呢。但是當父母得知我老婆懷上小孩後，高興得幾乎跳了起來。那一刻，感覺我們做兒女的能讓他們這麼高興，也值了。」

「你會更自由，我會更穩定。我們以後的交集可能越來越少。挺好的，每次回來我們還能像這樣聊半個多小時。」

下了車，內心惆悵。我們都追求了各自理想的生活方式，交集真的只會越來越少，不再可能是日常的瑣碎，今天吃個飯，明天打場球。如今各自圈子不同了，關注的點也不一樣了，可以相互理解，卻沒有參與的必要。這真是個殘酷的現實。

唯一不變的是，這些年的感情會在記憶裡閃閃發光，只要需要就會出現，就像你結婚，再遠也要飛回來參加。至於科比的退役賽，我會替你去看。

前些天在上海，坐了半小時的車去了趟無錫見我的讀者，我和她之前一直用微信交流，未曾見面。她老公是無錫最有名的律師之一，最近也成了我的大客戶。反正於公於私，我都去了。

和他們夫妻在律師事務所裡，從下午三點鐘一直聊到晚上吃完飯。聊彼此頗有些相似的體制內外經歷；聊因為共同關注的公眾號而結交的共同朋友；聊到對網路社群的看法以及體驗。

他們為我訂了最好的酒店，分開後收到了她的微信：「覺得聊的比預想中還要high。」我們真的是第一次見面，這真是一個「人以類聚」的時代。

那晚躺在床上，一直在思考一個問題，以前接受的教育，都說網路上是虛擬的，不真實。而現在我倒相信是反的，網上的連接有時比現實更真實。

就像玩網游的人根本不屑外界說這是「玩物喪志」的觀點——你們懂什麼，那是只屬於我們的世界，我們是自己世界的君王。那共同的滿足和驕傲每一刻都無比真實，好嗎？

現在每天多了一個習慣，就是打開微信公眾號的後台看留言，並爭取每條回覆。大多數的留言表支持，祝好，和我探討文字的觀點和思考，說如果有機會到他的城市，一定要請我吃飯；說看了你的文章終於放心了，自己的想法並不孤單。經常收到大段大段的留言，有些甚至是幾百字的掏心掏肺，手機螢幕要下翻幾頁才能看完。

說實話，看到這些內心是惶恐甚至崩潰的：「天，我憑什麼可以得到他們的信任，我們壓根不認識呀，我又該怎麼回呢？」

新世相說：「每一條留言都是一次可能會被辜負的善意。」

現實是，如今我們身體生活在同一座城市，內心卻是活在另一個世界，而心中的世界，甚至有可能和身邊的人一毛二分錢關係都沒有。這是網路時代的同床異夢。

因為這些變化，挑戰著傳統的人際關係結構，現在想要瞭解或愛一個人，光是表示理解，或是走進他的世界都是不夠的，要成為他世界裡的玩伴，負責共同成長，負責彼此成就，負責填補彼此的空白，成為兩個相互咬合的齒輪，去共同面對歲月的不斷輪迴。

那天和寶潔公司的一位市場部高級主管聊天，她說以前寶潔市場部做廣告的時候，砸錢在幾個大的媒體上就搞定了，比如央視啦，簡單粗暴有效。而現在的行銷策略全變了，要用心找符合定位的社群，這樣成本更低而且更精準，當然也會更累，然而單純投央視的比例卻每年都在降。

我明白這個策略轉變的深層原因，因為傳統的廣告模式，說白了就是強制的相鄰捆綁關係，拼的是基數和概率，沒有獨立的人格色彩，缺乏清晰的社群與廣告的匹配，廣告風格也會隨之更加中庸。而現在廣告要符合各自社群的定位和品味，講究尖叫的體驗感和參與感，廣告一定會更有創意，更加偏向社群訂制，廣告的植入形式也更多元。

所以產品可以很硬，身段一定要軟。再也不能擺出一副「老娘就這樣，你不看有人看」的架勢。在萬物皆被吐槽的年代何況廣告，難不成你的文案能比杜蕾斯的更好？

因為社群的重新組合，一切原有的商業模式都將發生結構性的改變。看誰能戳中時代的G點，換一場高潮。

我有個讀者大咖年紀比我大，是香港某大行的高管，在他的朋友圈裡經常分享我的文章，評語熱情，搞得我特別不好意思。有一次我的文章忘記打開讚賞功能，他就直接給我個人微信號發了個紅包，並附上一句：「一切對好文只讚不打賞都是耍流氓」。把我感動得真是不要不要的。他昨天約我吃飯，在中環一家頗有格調的餐廳，他說看我的文章，感覺我很像年輕時候的他，看好我未來的成長和平台的發展，最後還拋來了橄欖枝，看能否在金融領域做一些合作，甚至做天使投資的可能性。

我簡直快暈過去了，這也太看得起我了。是他高估了我，還是我菲薄了自己？剛剛還說網路世界地緣不是障礙，現在年齡也不是問題了。

羅振宇站在山頭搖旗吶喊，透過網路的力量，聚合起一群志趣相投的陌生人，在溝通、分享與協作中，完成新的價值創造。

這一定是個好時代，我們可以不用去迎合，沒必要妥協，開始不願意用高昂的時間成本去證明強扭的瓜不甜，不需要一遍遍地解釋我的理念你們不懂。以前是真無奈，現在是沒必要。人的資產配置，也許現在可以得到優化。

這好像又是壞時代，因為對時間的耐心得到前所未有的考驗。我們無法安靜等待讓時間磨合，我們希望立刻看到花開，而沒有耐心澆灌。就像王菲的歌：「和愛人吵架，和陌生人說心裡話。」

凡事過去，皆為序章，新的一年，希望連接出一片美好未來。

菜市場賣魚所帶給我的

我一直覺得這些年來在菜市場的經歷，是寶貴的財富，它讓我的性格更加完整，閱歷更加豐富，想法也更多元和包容。

這段時間經常會問自己，我為什麼長成了這樣的性格。有時候很陽光，有時候很陰暗。有一顆文藝青年的心，喜歡旅遊、拍照、寫作，擺弄小情懷；骨子裡卻很世俗，喜歡金錢和物質。裝得了斯文，給學生做諮詢說得一套一套，穿著得體的衣服和不同行業的人也能交流；但是也特別接地氣，吃小麵館買地攤貨，特別能理解有些流氓行業人的性情，有時候都覺得自己和他們是一夥的，壞壞地笑，偶爾出口成髒。

我覺得性格上的某些特質，和我從小跟著父母在菜市場賣魚有很大關係。

自我記事以來，父母就開始做水產生意了。小時候在農村，印象最深的就是看著父母拿著秤，在熙熙攘攘的小鎮菜市場裡，熱火朝天地吆喝賣魚。然後自己穿過嘈雜擁擠的小菜場，聞著魚腥味，踩著黏糊的地面，跑到父母的攤位那邊拿三塊錢早餐錢，那硬幣和紙幣摸著也是黏黏的。

後來母親早早地想到，為了給孩子更好的教育必須離開農村。於是在縣城買了一棟房子，讓我上比較好的小學。那時候不像城裡孩子，農村孩子上城裡小學要交給學校一筆錢，也就是所謂的借讀費。當時父親拿出七千塊錢（我印象中大概是這個金額），現在想想當時的這筆錢是多大數目，雖然當時不清楚。

老爸故意讓我自己數，並對我說：「這就是你來這裡讀書比其他孩子多付的錢。」我那個時候當然不會數錢，兩隻小手慢吞吞地數了好久。現在回想起來，那一刻在心裡確實種下一顆種子，知道自己來城裡讀書不容易，要花很多錢，所以要好好讀書。

真正開始幫父母賣魚是從高中開始，之前還太小，也就幫忙管管攤位。每年過年前的一個月，是我快要放寒假的時候，也是家裡最忙的時候。父母的生意漸漸脫離了小買小賣的散貨模式，開始主要經營給公司和政府或事業單位海鮮打包的業務。一個保麗龍箱就是一個禮盒，放進鯧魚、烏賊、帶魚、蝦、蟹等海鮮搭配，想要有面子就加一條野生大黃魚，絕對的送禮佳品，在當時比什麼腦白金保健品貴氣太多。

尤其到了年底，公司發海鮮禮包當福利，朋友領導送禮海鮮必不可少，生意忙得一塌糊塗。按照父母的話說，這一個月要賺一年的錢。因為海鮮要保證新鮮，每天除了出貨外，還要去船老大或者批發商處進貨，有時候有的公司說明天要一百箱海鮮，那就沒有時間睡覺了。人手不夠就雇親戚，姨媽原來在菜市場賣菜，我媽說妳這個月別賣菜了，我付妳工資過來幫忙吧。不敢雇外面的小工，怕萬一被偷走一箱魚，或者趁父母不在攤位的時候偷錢。所以我就肯定挺身而出了，不管願不願意。

一開始真心起不來，父母淩晨三點就去菜市場了，要我四點鐘到。我有時起晚了早上五點鐘到了那裡，就被他們罵：「你來得算是早了，生意都快做完了你才來，快去冷庫裡拿一箱冰鯧魚來！」

高中時，我的作用就是管攤位、跑腿拿貨、數錢找錢等這些基礎活。後來上了大學，寒假回來後就開始真正介入核心業務了。早上在菜市場賣魚，下午跟著父親坐車去各個漁港、碼頭，和批發商、冷凍廠的人談生意買貨。現在想來，父親絕對是個銷售高手和商業談判專家，知道什麼時候要讓利，什麼時候要果斷。回來的車上，跟我分析為什麼要這家的魚而不要那家的。然後覺得自己很厲害，哈哈地笑。

菜市場絕對是一個魚龍混雜的地方，有它的江湖和血腥。菜市場裡打架流血的事實在是再平常不過，雖然還不至於到拿刀砍人的程度。經營打包生意一定是要巴結賣魚的攤主，不然他給別人打包了你就沒錢賺。或者你來搶我的生意，不跟你拚命，以後還有臉混？這裡就是赤裸裸的現金交易所，個個為了生意殺紅了眼。有時候看著紐約華爾街的交易員們打電話買進賣出的忙碌勁，覺得和菜市場人們的神態也沒什麼本質的區別。

至於小偷是絕對不敢來菜市場偷的，因為萬一失風被抓那必然是往死裡打，員警來了也沒用。我們起早摸黑，大冷天的扯著嗓門喊，被魚刺割破手，冰庫拿貨，零下幾十度說進去就進去，賺的血汗錢你敢來偷，這不是找死嗎。而旁邊的攤主肯定是起鬨叫好，不會給予一丁點同情。

中午稍微不忙的時候，賣螃蟹、賣魚、賣泥螺的攤販就擺個石板當桌子，上面攤張報紙墊著，從旁邊的速食店買一大桌吃的，邊吃邊喝酒或薑茶，說著段子罵著老婆，在這裡女人是男人，男人是大爺，插科打諢，沒一個正經說話的。

父親在菜市場的人緣特別好，而且口才極佳，大家一起吃盒飯的時候，經常說我爸一嘴皮子功夫，陌生客戶只要給點上一根菸，三分鐘就能聊得跟熟人似的，買了魚心裡還特別高興。我爸聽了壞壞地笑。

父母特別不想讓我繼續做他們這一行，他們覺得菜市場的人太壞，沒有素質，工作太辛苦，而且風險還大。去年冷凍的蟹，今年行情好可能賺幾十萬，明年不好說不定就全虧了。所以後來我當了老師他們心裡特別高興，覺得穩定、踏實、受人尊重，挺好。

工作的前兩年印象比較深的是，凌晨四點在安靜寒冷的夜色下跑到菜市場，裡面一定是燈火輝煌，人聲鼎沸。在裡面忙了三個小時，早上七點鐘回到家，脫下帶著腥味的大衣，洗個澡換上斯文得體的衣服，到學校在講台上慢條斯理地上課，端著熱茶和同事聊天，場景切換變化之大，有種一天活在兩個世界的錯覺。

確實，跟著父母賣魚的經歷，讓我比較早知道人性的陰暗面和多面性。在菜市場起鬨打小偷叫好的大媽，看見在冰庫裡拿貨的外地小工雙手凍得全是瘡，也會同情地拿藥膏給他敷；上一秒大叔還在因為利益和別人約架，這一秒吃飯的時候也會點上一根菸，談自己多年的行銷哲學。有些現象一開始我看著會很震驚，後來看多了想想，都是因為利益。

有一次看到自己攤位冰箱裡的蟹少了，問我爸，他說是旁邊攤位的人拿走了。我說那你為什麼不問他要回來？他說第一沒證據，第二即使要回來了，撕破臉做不成朋友了，以後生意就沒法相互照顧，損失更大。我看著我爸若無其事地和旁邊人繼續嘻嘻哈哈，這一刻，覺得老爺子真是個有智慧的人。

我一直覺得這些年來在菜市場的經歷是寶貴的財富，它讓我的性格更加完整，閱歷更加豐富，想法也更多元和包容。穿上西裝能談判，脫下衣服，也能捲起袖子去幹活。

除了在哈佛大學逛博物館的時候，被 He 同學屢屢鄙視：「陳同學，你的藝術品味，實在太差了。」唉……。

大格局，不必算小帳

能算大帳的人格局也較大，不容易陷入瑣碎，也不會太有得失心。在職場上算小帳的表現在於斤斤計較，小格局。

徐小平做客正和島，被問到如何看待天使階段投資失敗？他回答：「幾十個專案全失敗了都不要緊，只要有一個成功就能賺回很多倍。失敗了就忘記它，否則你會活得非常痛苦。要算大帳，不要算這個專案失敗了，而要算十個專案，哪個贏了。」

這點我很贊同，要算大帳，不要算小帳。

徐小平從新東方董事會出來成立真格基金開始做天使投資，幾年後有媒體問他投資回報如何，只見這位樂觀的老頭瞇著小眼苦笑說：「虧慘了，都是白花花的錢，血淋淋的教訓啊。」

但實際上，真格那些年的投資業績數字還是漂亮的，因為投資了世紀佳緣和聚美優品等當時很風光的網路公司。有幾個正確的投資，就可以彌補之前全部的損失。當然，前提是你能找到如此一兩個。

同樣的，我也相信在人生軌跡上，上帝都會為每個人準備幾個關鍵的轉捩點。無非幸運的人多幾個，不幸的人少幾個。但當轉捩點出現，有些人卻沒有意識到，比較可惜；或明明看到了，但能力 hold 不住，可憐，還不如不見。所以說確實會多一些幸運給有準備的人。也不可否認，有些轉折點其實就是瞎貓碰上死耗子。過些年回頭看，才發現當年這決定真是太有遠見了，都不知道自己當年是怎麼想的。

在上海和朋友吃晚飯，結束後用手機叫了專車回酒店。接我的司機看起來和我年齡差不多，和我聊著各自的工作，上海的房價。他說他現在工作一般，做IT前端，工作好些年了，收入很一般。

我問他買房了沒。

「七八年前買了陸家嘴附近的房子，那時候才兩萬多一些，沒想到現在已經漲到十萬了，我們社區好多都是在陸家嘴這片做金融的人。你們做金融的都很有錢，一個月房租一萬多，也租得起。」

我打趣說：「你放心，即使你現在什麼都不做，上海的房價還會繼續漲，每年睡著都能賺一兩百萬，比我們這些金融民工強多了。」

踩錯幾個點沒關係，踩對一個點，就全賺回來了。

人生幾件大事，是真正的大帳。比方說做什麼行業，在不同的行業就擁有不同的平台、眼界和不同的圈子，成長的快慢和方式都不一樣。同樣畢業五年，會發現巨大的收入和能力差距，而且之後的差別會越拉越大。比如在哪裡工作，一線城市和三四線城市買同樣的房子，五年後一個漲到天一個沒動靜，光資產增值的角度，這一項就是巨大鴻溝。比如和誰結婚，我一直覺得，不管男人女人，結婚才是一個人最重要的選擇，重要度比選什麼事業還大。這些大帳如果能選對，絕對是幸運，至於其他的都是相對小事。

能算大帳的人格局也較大，不容易陷入瑣碎，也不會太有得失心。在職場上，算小帳的表現在於斤斤計較，小格局。

隨著年齡增大，閱歷見長，加上工作的性質接觸了不少企業家，性格不一心態各異，那些做得還不錯的，還真沒見過是小氣類型的。所謂錢散人聚，也是這個道理。發現讓這個世界變得美好，或者那些有大成就的，往往是那些善良的「蠢人」。

在香港事業剛起步的時候，我的一個客戶人超好，很爽快地支持了我的事業，並經常為我推薦一些高淨值的客戶。有一次請我幫她買些香港的藥品，我買了四千多港幣的藥品寄給她，她問我多少錢，我為表示感謝，說這是一片心意。但她堅決不同意，還電匯了五千元人民幣給我，問我夠不夠。她說我的事業才剛開始，香港房價又那麼高，希望我過得好，樂意我多賺些錢，在香港生活得好些。

和朋友一起合夥做專案的時候，在用人方面得出一致結論，在核心團隊有些品質，如忠誠、可被信任、可被託付的感覺，有時比能力更重要。「人」是最寶貴的資源，也是最大的風險。有些核心崗位是不能從外面找個職業經理人「空降」的，因為忠誠度不夠，職場上需要有「自己人」，有「心腹」。這不是職場厚黑學，而是創業公司和大公司的不同屬性決定的。因為大公司穩定，自帶光環，花錢買你的時間和能力，並不需要你承受公司未來的風險，相當於表現穩定的債券，無大收益亦無大風險。

而創業公司可能經常要面對不確定——突然前期燒錢太多，沒錢發工資了；突然市場競爭太大挺不住了。經常迷茫和質疑，值不值得、有沒有前途、要不走了算了等等。老闆每天給員工洗腦畫大餅，其實也是在說服自己。

在創業初期，在0到1的最困難階段，哪有什麼勝利，挺住才是一切。這時候誰在身邊一心一意，誰在錙銖必較，老闆心裡比誰都清楚。暫時沒有給到你的福利，日後會有更大的收穫，老闆心裡有一本帳。

格局小的看重眼前的得失，格局大的著眼未來的回報。聰明人肯定不太會吃虧，占了現在的便宜，但會失去以後更大的福利。要與眾不同，更要大格局。而且關鍵在於，一個人是忠誠、善良、可信任，還是精緻的利己主義者，是偽裝不來的。

一位專門做招聘的HR和我說，其實在面試的時候，和面試者交流幾分鐘就能基本判斷出他是什麼樣的性格和大概的能力，各種眼神、表情、說話的方式和語氣等，都會迅速暴露他的特點。真誠還是表面真誠，聰明還是表面聰明，暴露得更快。

人生在世並不全靠演技，因為大多數人都只是表演拙劣的演員。換個角度退一步說，與其偽君子，不如真小人。至少還沒掉節操，我還敬你是條漢子。

願每個人心裡都有一本大帳，有大格局，不管是事業，還是生活。

施比受更有福。

發朋友圈的時候，請不要辜負別人關注的時間

如果你發朋友圈，請發出誠意、發出水準，請不要辜負別人關注的時間。魯迅說，浪費自己時間是慢性自殺，浪費別人時間是謀財害命。

在微信上，經常會碰到朋友突然發群組訊息，例如朋友圈第一條幫忙點讚，最萌寶寶轉發投票等等。點讚我還是能容忍，但幫忙投票不如殺了我吧。一系列步驟愚蠢到不行：進入頁面，先關注公眾號，投票，再取消關注，簡直就是浪費時間還侮辱智商。除非投票的事特別有意義，或者這個人和我有血緣關係、生死之交，不然即使被拉黑也不做投票這檔事。

我有個同學，經常發這類微信訊息。我那天終於忍不住吐槽了：「你知道你這麼做有多麼自貶身價嗎？如果是陌生人，人家憑什麼要幫你投票；如果是熟人，你更不應該浪費

別人的時間和你一起做這種貶值的事。」

微信如今就像是一個人的網路身分證，想瞭解一個人，互加微信後下拉幾頁他的朋友圈，大概就能瞭解很多資訊。你拍的照片反映審美和品味；你分享的內容代表思想的態度；你轉發「不分享不是中國人」，表明你和「五毛」也沒啥區別。

發朋友圈比慘是希望得到關注，炫富炫美則是希望得到肯定，這些都是人性，我們要尊重，就如同尊重人性的本能一樣。否定這些，肯定是道貌岸然。但同樣是讓別人看，就請拿出點誠意來，因為你擄獲了別人對你那寶貴的幾秒鐘的關注。網路，什麼最值錢？就是關注。因為關注就是流量，關注就是廣告。為什麼網路公司願意燒幾億來發紅包，就是希望你看在錢的面子上：「求求你了，關注我吧、使用我吧」。可見關注度有多麼值錢。

你在朋友圈發代購、做微商，沒關係，誰在朋友圈不是個賣。只不過你寫推薦時，文筆可以多用點心嗎？發代購食品的照片，麻煩注意一下圖片來源好嗎？我最難以接受的是那些天天轉發一堆毫無營養、複製粘貼的廣告文字，而且一天超過十條的訊息洗頻，不僅毫無審美觀可言，更反映出此人對他人關注時間的不尊重。留著他是在玷污自己的朋友圈環境，於是拉黑。——並不是我們將他拉黑的，而是他拉黑了自己。

網路上經常有人攻擊「綠茶婊」女孩炫富，雖然我並不欣賞作死之人，但有時也要替她們鳴不平，在艾菲爾鐵塔背景前，坐在保時捷車裡發美美的自拍，一點問題沒有呀。炫美炫富也是她們的人生，人家也是很認真地在修圖、選濾鏡。工作已經夠無奈了，看朋友圈跳出一些壁紙效果的圖片，至少看著賞心悅目。（編註：綠茶婊指外貌清新脫俗，楚楚可憐，背後卻善於心計，玩弄他人感情的人）

有一位讀者在分享我的公眾號文章時，一定會寫一段自己的看法和態度，不管是思想共鳴也好，意見相左也罷。我就想要和他交流，因為這展現了思考的光芒，同時寫評論也是對其他讀者花時間的尊重，這些細節是對個人品牌的一個很好的背書。

如果你發朋友圈，請發出誠意、發出水準，不要辜負別人關注的時間。我現在比較謹慎地發朋友圈的訊息，因為可能一不小心，就暴露了自己的無知和淺薄，或是幫忙傳播了謠言。

我除了寫文章外，也關注了一些有意思，或是寫得不錯的個人原創號，留意到有些作者提供有償聊天服務，一小時兩百塊。我心裡一樂，原來還有這種商業模式啊？但轉念一想，又特別理解這種方式的初衷。

陌生讀者留言給你說他對現在的人生感到迷茫，你的文字和生活態度給了他很大啟發和鼓勵，能和你聊聊嗎？陌生的讀者留言給你說我現在特別想去留學，能諮詢如何申請嗎？陌生的讀者留言給你說對你的業務很感興趣，能諮詢你嗎？

你說你沒時間，傷了別人的心，人家好歹在茫茫人海中找到了你，對吧？你說行，那就聊聊吧，一旦開放了免費的門檻，將是巨大的時間消耗，不用做其他事情了。所以我特別理解有償聊天的做法，而且一小時才兩百，絕對是業界良心。

其實任何行業只要是諮詢，有專業知識或資訊訴求都應該付費，因為本質上就是用錢換取專業知識服務。你知道麥肯錫、波士頓、貝恩的諮詢費有多貴嗎？但是大家認同對產品付費，卻不太願意接受對知識服務付費，還停留在空手套白狼的小農階級思想，如果不花錢能諮詢到盡可能多的資訊，那簡直最好了。

隨著業務量越來越大，來諮詢的客戶越來越多，儘管聘請了秘書和助理，後台的服務有時還是忙不過來。這時就必須砍掉一些業務，甚至放棄一些小客戶，專注服務大客戶。

這是個痛苦的決定，但是沒有辦法，如果你想服務所有人，最後的結果只會變成誰都服務不好、誰都不滿意。這真的不是口是心非，我們也想一視同仁，但是出於時間成本考量，只能採取不得已的措施。

之前我的秘書用微信匯報工作的時候，經常將一件事分成好幾段語音，想到什麼說什麼，可以想像她應該是一邊想一邊說，所以沒有邏輯而且囉嗦。有一天我終於和她說：

「以後儘量用一段語音把要說的事情一次說好，在說之前先想好要說幾點，記不住的話就先用筆寫下來，不要考驗我的耐心。」

麥肯錫著名的三十秒電梯理論，就是要在最短的時間內表達清楚重要的事情，只說主題與結果，我發現這真是很重要的一項能力。乾脆俐落如同穿衣風格，就像男士衣服的顏色搭配不要超過三種，因為客戶能記住一二三，記不住四五六，最關鍵的是你服務的客戶越高端，他們的時間就越寶貴。

以前一個朋友說：「如果事情能用錢解決，我就儘量不花時間。」曾經我對此嗤之以鼻，現在卻也開始認同這個理念了。有時候向比自己段位高出好幾截的大咖交流請教，多半是沒有音訊，若是能得到零星簡短的回覆，就如同得到寵幸。其實不要怪他們傲慢，而是他們真的沒時間，也沒有這個必要。唯一的辦法就是讓自己成長，變得有資源、有價值。相信我，到時候他們會正眼看你，甚至一起坐著喝茶。也只有在那個時候，對他們而言，和你一起喝茶才不會辜負時間，而是一件有意義，讓他們心甘情願將時間投入於此的事情。

而我也一直相信，對別人最大的尊重，就是對別人時間的尊重。

優秀的人，都敢對自己下狠手

你不對自己下狠手，
這個城市就會對你下狠手。

周星馳的電影《唐伯虎點秋香》裡，唐伯虎和另一哥兒們為了進華府，相互比誰的人生更慘。最後那哥兒們用木棍把自己敲死了，並仰天長嘯：「誰能比我慘？」

選秀節目裡，有些選手訴說自己辛酸的經歷，一路的不容易再配上煽情的背景音樂。我的內心戲經常是：「老比慘多沒勁，有種比誰對自己狠呀。」

前段時間看《歡樂喜劇人》，一周推一個新節目，創作壓力巨大，攝影製作組為了娛樂大眾，最喜歡記錄各個喜劇大咖無奈的幕後花絮。比方說嶽雲鵬瞇著本來就不大的小眼睛說，兩天兩夜沒睡覺了，吃飯都會催對方吃快點；另一組說太興奮了，三個小時後就能吃早餐了，好開心；開心麻花們則說我們要搞笑，我們不睡覺。不是比誰慘，而是比誰對自己更狠。這個賣點我喜歡。

我老覺得這個世界一般取得更高成就的人，都是那些敢對自己下狠手，甚至有些「自虐」的人。而且真正的狠一定會加上時間的維度，也就是長時間持續地逼迫自己，把自己的能力推到極致的邊界。

羅振宇每天早上發六十秒語音，而且持續保持思想的品質，我做不到；李笑來和咪蒙幾乎天天更新原創文章，雖然不同路數，但幾乎每篇都有乾貨或亮點，我做不到。重點是人家的主業不是寫公眾號的呀。不管是出於戰略思考或是商業價值，能堅持一直做下去就是厲害。

一個人可怕的不是有多努力，而是可以持續那麼久。

說實話，相對於全職寫作，我更欣賞兼職寫作的人。這些人平常有忙碌的事業，例如馮唐是職業經理人，池建強在錘子科技，咪蒙有自己的文化傳媒公司，馮大輝做著醫療創業，經營丁香園。

我喜歡文字在紅塵打滾，自己就是鮮活的例子，更能跟人打成一片，更有行業屬性；也許偏激，但有獨到的見解。不需要老拿別人的例子來證明其實不適用的普世道理，我們已經聽膩了正確的廢話。

感謝他們提供如此血氣鮮活的文字，同時我也經常在想，敲打這些文字的人，在平時忙碌的生活中是在什麼樣的場景下寫作。也許是夜深人靜的時候，也許是飛機座椅前排的餐桌盤上，或在時速兩百公里以上的動車上。是不是只要有一段安靜的時間，有一個穩定的位子，就可以奮筆寫作？

然而他們一定比我忙，文章更新的頻率還那麼高。一對比，覺得自己的所謂忙碌，有些惺惺作態。

「小李子」李奧納多．狄卡皮歐在奧斯卡陪跑二十二年，二〇一六年終於拿到了小金人。為了拍《荒野獵人》變肥變邋遢，和熊搏鬥幾乎一鏡到底，這是為什麼？這是為藝術而獻身啊。

我個人覺得，為了藝術去減肥值得欣賞，去增肥卻太難以接受，好不容易擁有的六塊腹肌要人為地變成圓滾滾，這太殘忍了。一個人為了夢想，怎麼可以這麼拚。而且領獎時沒有聲淚俱下地訴說這些年來的不易，依然是招牌的笑容，還要大家多關注氣候暖化——全程無尿點（編註：無尿點為網路用語，指全程精彩刺激，深怕錯過而沒有上廁所的時機）。小李子那一天真配得上全世界的讚美，朋友圈被他洗頻也是樂意。不僅僅是一部

《荒野獵人》，而是致敬這些年來每一部作品的盡心盡力。

我在香港的時候，天天跑去公寓樓下的健身房鍛煉，什麼HIIT，什麼仰臥起坐、杠鈴深蹲、橢圓機、跑步機，想像著未來某一天穿襯衫的肚子上沒有凸起的弧線，還可以只挑修身款。去年說等身材再好一點時就去定制一套西裝……現在過去半年了，恐怕得定制一件加大尺碼的了。

在健身房裡經常碰到的熟悉面孔，往往都是那些身材好，有肌肉的。這邊某男顏值爆表胸肌隆起，六塊腹肌分明，痛苦地做著腹肌撕裂；那邊某女前凸後翹，腿型修長，紮著馬尾在跑步機前揮汗如雨。

整個健身房，幾乎是猛男靚女的秀場。明明他們的體型已經夠好，卻依然對自己夠狠。身材不好的人可能只佔了二〇%的比例，而且流動性往往很大。新面孔往往是斷斷續續地立志要減肥，雖說他們才是最需要用到健身房的人，但現實卻是健身成功的人才是那裡的常客。

優秀也許不難，難的是一直保持優秀的狀態。

就像雞湯所說：「優秀，是一種習慣。」

當我在培訓香港研究生畢業的年輕人（頓時覺得自己真的老了），或是在校實習生時，經常說的就是：「在香港這類一線城市，如果你還用老家的那套努力程度來要求自己，過個兩三年一定會陷入窘境，面對巨大的生存壓力。」

香港的房子本來就貴，非香港永久居民還得交二二．五%的稅，八百萬的房子交兩百萬的稅。去年深圳的房子已經漲瘋，上海這個月也開始瘋漲。女孩子可能還有二次選擇，可以嫁個好人家，男人如果不是富二代就真完了，肯定要淘汰出城。

所以要嘛努力快點賺錢，要嘛努力快點成長，然後在價值高位變現。這幾年不完成資本或者自我價值的原始累積，只能一直在路面爬行，就無法完成人生或職場第二輪的起飛或轉型。這點就像融資，不能迅速拿到A輪融資就肯定出局；拿到了A輪，相當於完成原始積累，能不能活下去不知道，但至少有資格上牌桌，能和對手比畫兩下了。

你不對自己下狠手，這個城市就會對你下狠手。

出於業務拓展和自我成長的需要，除了我自己一直忙碌的境外保險業務外，近期還加入了一家前途看好的網路金融公司，總部設在深圳。有一段時間是早上過關去深圳，晚上回香港。

公司發展速度很快，隔段時間就有階段性的突破進展，大家都很忙，也很興奮。公司每隔一周都要開例會，那天看CEO從早到晚開了一天的會，和不同部門的團隊溝通，從資產端到風險控管部、金融部、行銷部等等。現場和上海、北京的電話會議同步，提出問題、想解決方案。整整一天的腦力激盪。創業真是以百米衝刺的速度在跑馬拉松。

抓住一個機會是要拚命的，這活兒真不是一般人能幹的。未來不去上市敲個鐘，都對不起這般辛苦。

最後來句雞湯吧——我們得付出多少努力，才能看起來毫不費力，在這個變態的城市，過上平凡的日子。

Chapter 4

事業不在家鄉

體制內外，甲方乙方

體制內是一口深井，體制外是一片江湖。
不管是在體制內還是體制外，最不能放棄的是不斷地自我成長。

夜晚九點回港的飛機，睏倦的眼皮抵擋著機艙內明亮的燈光，有些刺眼；耳膜震著引擎的轟鳴，有些刺耳。廣播裡粵語、英語、國語播報著同樣的航班資訊，聽著熟悉地疲倦。空姐空少的制服依然是紫色，機艙外，夜空罩著一塊巨大的黑布。

在座位上打盹的我突然想起，就是去年的今天，我割斷了原來的生活，心裡裝著盲目的勇敢和樂觀，飛了一千兩百公里來到這片陌生的土地。

一晃，一年了。心裡唏噓一聲，像做夢一樣，掐自己一下，疼。一年之間，兩個世界，猶如硬幣的正反面，兩種截然不同的生活方式，另一種完全新鮮的人生體驗。又好像鋒利的時光刀片，清晰地割斷了過去和未來，過去是一面透明的牆，看得見卻回不去。未來是脫軌的衛星，彷彿要重活一遍青春。

過去是體制內，現在是體制外。

我依然記得一年前，我向教育局遞交辭職信的那個下午，教育局副局長表示不解的複雜表情，我心裡也是五味雜陳。從辦公室出來後，旁邊的另一間辦公室門前排著長龍，是剛考進編制的年輕老師們在辦理入職手續，他們表情輕鬆，眼神有光，好不容易考進了編制，好像高考中榜頗是高興。他們一定不會知道，在另一間辦公室，他們的一個同行放棄了當地最好學校的編制。

我看著他們，他們像當年的自己，又不像當年的自己。

體制內，是一部分人的福音。在體制內，意味著也許現在賺得不多，但是不用擔心以後會斷糧餓死。有人樂在體制內的生活，沒有大風光，也有大自在。而另一群人，感覺好像進錯了籠子，總覺得哪裡不對。

這種感覺，就像許多在海外工作的高學歷高素質華人，一方面掙著體面卻不算高的薪水，過著穩定的日子，捨不得放棄現在的生活；另一方面，看到國內迅猛發展的新行業，引起熱潮的新機會，心裡又不甘。

就像百度、阿里巴巴、騰訊三家公司的資深產品經理，天天被風投天使圍堵約著喝咖啡：「你出來創業吧，難道想一輩子這樣打工嗎，只要你肯出來我就投資你，不管你做什麼。」不捨與不甘，兩頭野牛在搏鬥，內心像有火在燒。

大學畢業的時候「體制內」這個詞多紅呀，就等於人生贏家的背書，比迎娶白富美的聘禮值錢，比嫁給高富帥的嫁妝還貴。直到現在開始出現公務員離職潮，體制內員工跳出圍牆，兩種境遇，也不過就是幾年的光景。

體制內是一口深井，體制外是一片江湖。混江湖前，腰上的劍磨鋒利了嗎？不管是在體制內還是體制外，最不能放棄的是不斷地自我成長。我也越來越相信，人生最寶貴的不是豪車洋房，而是豐富的人生體驗。有房有車、有穩定工作、有體面生活的日子，我已經體驗太多，但卻缺少人生豐富體驗的內核。

《傳道書》第一章第十四節說：「我見日光之下所作的一切事，都是虛空。」

所謂豐富體驗的內核，是按照自己喜歡的方式，以一種舒服自然的狀態，甚至是一種自己願意的辛苦過好每一天。而這種狀態，和體制不體制並無多大關係。我看著EQ極高的小夥伴，在體制的框架內遊刃有餘，野蠻成長；也看過有人在體制外的殘酷競爭下，不堪壓力日日抱怨，卻怎麼考都考不進體制內，吃不上體制內的那碗飯。

有些性格是基因決定的，是戰士，就去攻城掠地；是文人，就耕耘好自己的一畝三分地。刺破手指，好好看看流出的欲望之血有多濃。很多事情，要嘛走，要嘛忍，不要拿體制的擋箭牌，當成懷才不遇的洩憤出口。

高曉松說：「人都是高看了自己。」而高看自己，是人類進化的鎧甲，也是軟肋。上海華東師大的老師，頂級名校畢業，他說如果要給年輕人一些建議的話，就是假如有更好的選擇，就儘量不要來大學當老師，國內學校的收入，不管是義務教育階段還是高校，都是收入配不上背景（當然，在外面做私活的不算）。

這一年，從深井走向了江湖，也從甲方變成了乙方。體制代表了穩定，體制也代表了甲方。做甲方，意味著不用求人，有社會地位，意味著談判桌上擁有話語權。甲方帶來穩定的體面感，繼而帶來安全感，安全感帶來幸福和自由。有人說，乙方自由的天空更大，但是對於大多數人來說，沒有穩定感的自由太不牢靠，沒有穩定未來的自由，太不安全。天空太大，仰起頭看，頭會眩暈，心會發慌。

穩重求進，不犯錯誤，不激進，不左。做甲方，挺好。能放棄甲方的光環選擇做乙方，也許只是因為有些東西是乙方獨有，例如能滿足更大的夢想和野心，更高的財務自由，更充分燃燒的人生體驗。

一輩子太短，腳步要丈量更遠的風景，心裡要裝著更大世界。

柳傳志的女兒柳青，從「高大上」的投行高盛，到滴滴打車的CEO，當被問及過去生活和現在生活的不同，她說：「原來住四季酒店，現在住漢庭；原來坐頭等艙，現在坐經濟艙；原來不求人，現在要求人。」

我相信柳青能克服住漢庭、坐經濟艙的心理落差，畢竟創業初期本來就是白天做老闆，晚上睡地板。但是原來不求人，現在要求人，這點需要時間和謙卑隱忍來克服內心的驕傲。這不容易，因為觸碰到了尊嚴、地位、認可等人性中最敏感、最脆弱的神經。

想起老電影《刺激一九九五》裡的台詞：「有些鳥兒是永遠關不住的，因為牠們的每一片羽翼上都沾滿了自由的光輝！」眼看滴滴快的市值已經超過一百五十億美金，或將成為下一個網路巨頭。也就三年工夫而已。

從世俗的角度來說，我應該是從甲方跳到了乙方。歷經角色的轉變，開始多一個角度審視這兩者的區別，發現其實有些人是工作的甲方，卻是生命的乙方；而有些人也許是工作的乙方，卻是生命的甲方。轉化的關鍵在於是否有強大的能力，好掌控自己生命的走向和節奏，有能力在大的框架內，平衡好生命的河流，可以越流越寬闊。

看到很多工作性質是乙方的人，卻有著甲方的姿態和靈魂，因為他們專業、有價值、被人需要，俗話說：「站著把錢賺了。」─錘子手機的羅永浩，便是最好的典範。

在網路時代，我們都是自我價值的佈道者。有人殉道、有人放棄、有人走到了聖殿。

夜空中那顆最亮的星，會不會是你？

在重點中學教書是一種什麼樣的體驗

重點高中，堪比投行圈的高盛和摩根史坦利，諮詢業的麥肯錫和波士頓，教育界的黃埔軍校。

高中老師是我家鄉那裡事業單位或體制內工作最忙的，不太可能有之一。

在高中教書忙是常態，不，是固態。可以從幾個方面進行佐證：第一，工作時間長。學生早上七點鐘到學校開始早自習，一三五讀語文，二四六讀英語。本人不幸是英文老師，意味著二四六早上七點鐘也要到學校監督早自習。注意，週六也得早起，週六也是要上班的哦。

所以周末雙休什麼的，因單位而異，沒用。這意味著早上六點就要起床。剛來香港的時候，聽說香港早上九點鐘開始上班，有的甚至九點半，頓時凌亂了，因為我們早上七點就已經在學校檢查早自習了。

七點到學校檢查完早自習，然後開始上課。經常聽到別人對教師的評論是：「當老師最舒服啦，你們每天只要上兩節課就好，都不用兩個小時，多輕鬆啊。」一看就知道是外行人。請注意，我服務的是重點高中，再強調一遍，是省一級重點高中。

上課對於高中老師來說，只是一天繁重事務中比較輕鬆的一項，就像一堂課前幾分鐘的熱身活動；就像餐前的一道冷菜，開胃而已。真正的「主菜」，是從改作業開始。

一個老師一般帶兩個班，一班五十多個學生，所以作業加起來一百多份。一門課如果一天沒作業，就像上課鈴聲響了老師沒進教室上課一樣，屬「教學事故」般的不正常。班長一定會怯懦地追問一句：「老師，是真的沒作業嗎？」所以作業天天有、天天改。

改個試卷也就罷了，頂多一兩個小時的工夫，最痛苦的是改作文。改一篇作文至少花三到五分鐘吧，一百多份埋頭苦改，一抬頭天都黑了，還只是改完一個班級的量，感慨人生苦短，改作業無涯。更加痛苦的是，看著一篇篇主題雷同、內容膚淺、用詞簡單的英語作文，別人我是不知道，反正每次改完我都覺得自己原有的英文水準被硬生生拉低了幾個層次。

不過有一項能力倒是被訓練得登峰造極，那就是改作業的速度。總之不比香港點餐出單的速度慢，不比在考GRE時打字的速度慢，那都是被逼出來的節奏。辦公室裡最常聽到的話是：「哎呀，上個星期剛領的紅筆，怎麼這麼快就用完了。」聽著敬業，實則辛酸。無奈自嘲問時間都去哪兒了——紅筆的勾勾叉叉中，勾出來學生的成績，叉進去老師的青春。

除去上課和改作業，一天的時光已經耗了一大半。等等，還有一半呢，備課和輔導學生。輔導的內容多半是學生作業寫得不好，比如作文寫這麼爛回去重寫，只好當面指導！今天你沒有好好聽課是不是有什麼原因啊？這次考試為什麼沒考好啊？這段時間作業品質不高是什麼情況啊？這段時間成績下降了怎麼解釋啊？

負責任的老師，彷彿每個學生都是他親生兒女，一百多個都要做心理輔導，考前鼓勵、考後安慰、早戀諮詢等等。老師說不完的唾沫，學生掉不完的淚水。做完這些，此時窗外操場上空已是夕陽，溫暖的餘光開始悄悄地溜進老師的辦公桌，等輔導的學生成批散去，瞇起疲憊的眼睛望著血紅的夕陽，心裡輕嘆一聲，一天過得好快。等等，明天的課還沒準備呢。

重點高中的老師一周都會被安排幾個晚上值班，因為學生要晚自習，週一到週五，五個工作日的晚上，一般會被排三晚值班，兩晚休息。說白了，就是三個晚上必須來，兩個晚上選擇要不要來。

比方說我自己是週一、週二和週四晚上值班，值班時間從晚上六點二十到九點二十，隨著季節微調。假如我週三或週五因為學校開年級大會或者其他工作上的事情留校，那基本上這一周從早到晚就一直都在學校了。所以老師們有時候都分不清今天是星期幾，因為每天都在學校，工作和生活內容都一樣：上課，改作業，輔導學生，備課。

坊間有句話說高中老師沒有生活，或者說沒有業餘生活，這話說的不算誇張，因為晚上也基本都在學校啊。今晚哥兒們約你去打麻將，哦，不好意思，我晚上值班；明晚靚妹約你去唱歌，那啥？我在學校備課呢。婉言拒絕幾次，人家就不願找你了。

並不是高姿態，實在是真無奈。日子久了，社會圈就是同事圈，今晚突然不用值班的那一刻，都不知道該找誰玩些什麼了。嗯……還是去學校備課吧，那幾個學生作業做得一塌糊塗，今晚得好好訓一訓。

經常有同事開玩笑說：「今晚休息沒去學校，心裡總覺得缺了什麼，不安心。」想想確實挺「賤」的。但是在高中教書的老師，似乎或多或少都有過這種感覺。說什麼在外企工作經常一天工作十五個小時，一星期工時長達八十小時。在高中，呵呵，那都不叫事。記得我帶高三時，都忘記一整年是怎麼過來的，早上七點到學校，晚上九點半關上辦公室的燈回家，一天過得既漫長又飛快，像陀螺一樣在原地打轉。

第二，在高中工作除了工作時間長，工作壓力也大。一個學期四個多月，前兩個月期中考，後兩個月期末考。兩個月之間還有月考。於是一個月有一次大型的年級考試，有考試就要監考，而監考是我最想吐槽的部分。

學校規定老師在監考時不能在台上改試卷、不能看報紙、不能看手機。唯一能做的，就是靜靜地、默默地看著可愛的同學們埋著頭，在台下奮筆疾書兩個小時。通常一個老師會輪到三場監考，監考的時間走得極其緩慢，就像和一個極其無趣的姑娘面對面吃兩個小時的飯一般，需要強大的內心和修養。在監考時特別能明白，為什麼在監獄裡關禁閉會是最殘酷的刑罰。

我自認為人生閱歷豐富，想像力也不差。通常第一場監考的時間用來回憶自己的過去，第二場監考用來展望美好的未來，到了第三場時，整個人生都已經思考了一個輪迴了，只能感嘆自己為什麼選擇來當老師。

待成績出來後就開始一系列的統計、排名，哪個班考得好，這也是老師們感到緊張的時刻，誰說考試只有學生歡樂憂愁呢。然後開教師年級大會，所有科目的平均分都明白地投影在潔白的布幕上，亮得刺眼。

接下來，校長就會開始分析成績。當然，他不會直接說哪個老師教的最差，因為大家都看得到數字，心知肚明。如果分數還行的，表示暫時安全。如果你教的班級一個不小心墊底了，當場可是有種每分鐘都想切腹自盡的感覺啊，接下來的一個月都沒辦法每天睡滿六個小時了。

虐心的分析會在接近尾聲的時候，校長總是不忘加一句：「高中老師的工作很辛苦，老師們也很努力，但是努力是沒有盡頭的。」言下之意是，既然都已經這麼辛苦了，大家就再辛苦一點吧。

一線教師想要在自己教的學科站穩腳跟，一定要有自己的一套撒手鐧。有些老師屬於人格魅力型，上課幽默風趣，學生在課堂上不打瞌睡、不走神。有個理論說，學生要是喜歡這個老師，這門課的成績多半不會太差。而有些老師是學術型，講課效率高，學生一聽就明白，自然不會太討厭這門課，哪怕這個老師的顏值不行。有些則是特別認真負責型，行話說很會「抓」的，每份作業恨不得面對面批改，辦公桌旁總是圍滿被訓話的學生。學生一開始會怕會恨，但後來就會發現這才是真的對自己好。

總之高中教師就像是教師界的特種兵，各有獨門兵器。前文中曾提到，諮詢公司的文化是 up or out。在高中能不能 up 不知道，out 倒是有可能。尤其是年輕老師，雖然考進編制保證你不會被解雇，但如果在高中的業務能力不行，期末考結束後有可能會被調到其他普通的學校，就這樣被流放、發配邊疆啦。

重點高中，真是堪比投行圈的高盛和摩根史坦利，諮詢業的麥肯錫和波士頓，教育界的黃埔軍校。

如果非要定義工作文化，我覺得高中是有狼性的。在這裡，工作了十幾年二十幾年的老教師，往往比年輕教師工作更努力，做出很好的榜樣。比你優秀的人往往比你更努力，還真沒辦法，他們就是高中的砥柱和瑰寶。

這一年，我有時反思這些年在高中教書帶給自己的影響，最重要的一點是在高度壓力下工作的狀態，這很重要，因為這逼著自己要做好時間管理，分配好工作和生活，以及在單位時間裡提高效率。讓精神的弦處於微微緊張狀態不是壞事，如果當年被分配到一所普通高中，要是對自己沒有要求，過不了幾年能力可能就被養廢了，長了一身精神上的肥肉，只能混下去出不來了。

雖然當時沒少抱怨學校幾乎無人性地壓榨教師的時間，但是怎麼說呢，這種如同創業者般「all in」的狀態，對於年輕的生命是鍛煉，否則還真不能抵禦外面更加殘酷的世界，尤其是在香港。

這些年我感觸最深的是，高中的老師可以做到多麼敬業。坊間有個說法，說象山的男孩不願找高中女老師，因為她們太忙了，無暇顧及家庭和孩子。也算是事實，因為她們看起來真的不像混事業單位體制內。

單從中學教育的平台來說，重點高中算是可以的，畢竟是寧波老牌的十所重點高中之一，有歷史的傳統和層次。我依然記得那個夏天，我和另外一個同事一起進行入職培訓。當年我進了重點高中，他去了普通中學。在寧波市的高中論壇上發言的時候，我是台上講的人，他是坐在下面聽的人，這和高中的平台分不開。

問在高中教書最大的滿足是什麼，對於我來說肯定不是薪水，而是教了一批還算不錯的學生。他們能考進重點高中，IQ不會太弱，有些EQ也不低。我知道他們大多數人以後在社會上應該不會混得太差，可能有些還會有所成就。

而我作為老師，我的知識、思想、精力和時間，都付出在一群願意學習、願意努力的孩子身上。在他們最好的年華裡，你說的話、教的東西，對他們的一生都有可能產生影響。這樣一想，自己的時光也不算浪費。

偶爾會懷念平日下午第四節活動課，在籃球場上和同事、學生們揮灑著汗水的時刻；或是跟在學生後面，陪他們一起跑步的情景。偶爾會懷念晚自習結束，關上辦公室的燈，開車送我師父回家，一路上說說笑笑的片段。吐不完的槽，道不盡的碎念，這一切的苦和樂、淚和笑，只因為發生在最美好的青春裡。

最後我想說，以高中老師的工作時長、工作強度、工作壓力，應該趕緊漲點工資，多些獎金。

事業不在家鄉

家鄉有親人、有玩伴、有回憶，卻沒有未來事業的憧憬。家鄉的好或不好都不重要，因為她陪伴了我們的成長，而「陪伴」才是最重要的。

春節在家幾日，沒怎麼拜訪親戚，也沒怎麼和朋友聚會，大多數時間宅在家裡對著電腦忙工作（不是有句話說創業人是沒有春節的嗎），在老家院子的陽光午後，翻了兩本從北京買回來的書，喝了場大酒，記不得上次喝醉是什麼時候了。

自己在家鄉體制內工作了幾年，又在香港這座一線大城市摸爬滾了些歲月。兩相對比和反思，覺得從事業發展的角度，尤其對於希望能成就一番事業的青年，還是要在大城市混，哪怕生活成本高，工作壓力大，哪怕不知道能不能養活自己。

家鄉的小城有親人，有從小的玩伴，有過去情感的回憶，卻沒有未來事業的憧憬。我不是反對留在小城市工作生活，畢竟這是多元價值觀的時代。而且在家鄉小城買套房、結個婚、生個娃，下班後可以回家吃飯，週末可以陪伴父母，不用頻繁出差。看著家鄉小夥伴們過著柴米油鹽的簡單日子，我不是沒有羨慕和憂傷。但從事業的角度來看，小地方的問題在於容易陷於狹隘、瑣碎和落後。

關於狹隘

在小地方，認知是最大的壁壘。因為頭頂的天空就那麼大，身邊人的行業結構單調。在三四線小城，同齡小夥伴們要嘛是公務員或是事業單位，如交通局、建設局、旅遊局、環保局等等，或者老師、醫生，又或者在銀行。很少會在某個優質的民營公司上班，網路公司就更少。

家鄉夥伴們都說要抓住青春的尾巴，趕緊發展副業，先不說實現人生理想，工資太低都快要活不下去，現在連一千塊錢都要想著如何節省充分利用，太委屈難受了。

但問題是，有一腔熱血該往哪裡使勁呢？雖然人人都有自我成長和希望致富的剛性需求，但環顧四周沒有榜樣，看著前面沒有道路，只有虛無的理想，找不到落地的方法論。

而且有些時候就算學了點技術，考了幾張證，在小地方卻沒有用武之地。你花了好幾萬考CFA，在這裡叫 overqualified（資歷太高），還不如去吃頓KFC；你過了BEC（商務英語考試），可能在出國時才用得上。並不是說小城市的工作不需要專業技能，事實卻是不需要你太頻繁地升級大腦的作業系統。不是沒有想法，而是缺少平台。所以資金和技術門檻都不高的微商和直銷，能夠在小地方迅速發展，是有土壤的。

我的體會是，其實現在在小地方工作忙碌的人很多，但重複性太多，成長性太少；因為平台不夠高，就沒法進入戰略層面思考。所以導致情況變成你很忙，但只是忙，卻無法帶來大幅度的自我提升。換句話說，你所付出的全部努力，只是在一個很小很低的平台上，無法產生事半功倍的自我成長效果，這其實也是另一種形式的消耗。

在事業單位工作的朋友和我說，每次去杭州、上海開會的時候，經常感覺大腦不夠用，好多乾貨要學，覺得自己外行到不行。但是在家鄉開會，自己卻經常是那個分享乾貨的人。他苦笑表示不知道該高興還是憂傷。我以前也經常有類似感覺，不是輸在勤奮上，而是落後在理念和格局上。

在大城市，除了富二代，大家都是帶著焦慮感從床上醒來，大多知道自己還有哪些東西要學，為什麼要學，從哪裡學，學出來有什麼用。在公司的落地窗前，看著外面的世界變化，你知道你要很努力，才能奮力擠進時代的漩渦，因為一不小心就會被甩出去，甩出這個城市，連當個房奴的資格都沒有。

關於瑣碎

家鄉的七大姑八大姨問你有對象了沒？什麼時候吃喜酒？外面一年賺多少錢？你聽著覺得煩，但他們這樣是可以理解的。難道要他們問人民幣貶值該怎麼換美元，和你探討P2P的未來監管嗎？不管她們是真的關心你，還是想對比你和她們家的小孩誰混得好。在這個地方，這已經是她們能和你探討的全世界了。

在老家農村時，聽舅舅和外公說著農保少發了幾百塊錢，隔壁家蓋了一座漂亮的別墅，誰的家庭出了什麼事都一清二楚，地方越小越容易滋生八卦。其實這也是可以理解的，因為頭頂的天就這麼大。

為什麼城市越大，我們越不在乎別人的生活、他人的是非？正是因為世界變大，開始知道之前在乎的那些事，其實沒那麼重要到值得自己花時間。知道精力寶貴，不需要再用別人的故事來做為增添自己生活的佐料。這就像當自己活得跟韓劇一樣，自然就不需要再看韓劇了。

關於落後

小城市的機會比大城市少，這只是一方面，更糟的是機會的時間延後。如今的中國在網路的推動下，前沿的思想，孕育的機會，有價值的資訊，一般都是先在大城市裡發酵、蔓延。從一線城市到二線城市，再到三線和四線，等三四線的人們接收到並開始執行時，可能已經過了幾個月到幾年，甚至已經錯過了最初的紅利期。

當你家孩子還在努力高考的時候，城裡的孩子已經到國外留學了；當生病了希望在大城市三甲醫院爭取間病房，人家已經用跨境醫療去美國就醫了。雖然網路帶來世界的扁平化，但是成為風氣一般都是從大城市開始，而這些都是時間的紅利。

再舉個例子，一位家鄉的小夥伴在體制內上班，有思想有熱情，大學時曾做成幾個專案，證明他的領導力和執行力。但這兩年在進行家鄉的慈善專案，一直未見起色。我說你原來的那套方式不適合這裡，不是你的能力有問題，而是時間和地域問題。你的理念和模式可能不適合這裡，因為大眾意識和用戶習慣不是光憑一兩天就能培養出來。就像實現民主的前提是大眾具有民主的意識和能力，就像你在銀髮族社區想要普及智慧型手機就一定會失敗。不是曾有句話說：「時機很重要。」

家鄉開了第一家星巴克，頓時覺得小城也有格調了一回。在裡面點了咖啡和朋友坐著聊，卻總覺得哪裡不對。不是咖啡的口味不純，也不是店裡裝修不正，更不是進來的男女穿得不夠時尚。而是太吵了，耳邊太聒噪了，前面擺放的大長桌，本應該給人看書或放電腦辦公用的，幾個小夥子卻熱鬧地在打著牌。

我和朋友打趣說，連星巴克都不可避免地落俗小鎮氣質了。朋友笑笑說，你要習慣，咱們家鄉的民風就是這麼淳樸親近大眾，咱們坐外面聊會兒吧。

其實家鄉的好或不好都不重要，因為她陪伴了我們的成長，而「陪伴」才是最重要的。可惜，這是我最近才明白的道理。

左手象山，右手香港

人生各自選擇，不同精彩，他們有他們的生活，而我也有屬於我一個人的故事，每個人都有自己的生命節奏。

香港復活節假期，正巧碰上清明節。回了趟老家和家人相聚，和朋友見面。家鄉真是不一樣了，除了又多了一片片未來應該賣不出的樓盤，還有小夥伴們的變化。

當年在寒冷的菜市場上，我幫父母賣魚，高中同學在賣雞腿，他今年開了自己的龍蝦館，還取了一個特別小眾的名字——「裸奔龍蝦館」。

為什麼小眾？因為只有我們一群朋友知道。當年一起讀高中打籃球的時候，他總是光著臂膀，或者乾脆脫掉上衣裸著上身，球風彪悍。於是就被取了個外號叫「裸奔」。這間龍蝦館，光聽名字就是我們的共同回憶，特別有歸屬感。

最好的朋友過段時間要辦婚禮了，娶了一個幾年前和我興奮地說「這姑娘最懂我」的女孩，雖然後來經歷了一些「待我更加寬容，待你更加成熟」的愛情風波，終歸是有情人成了眷屬。

隨著離家的時間越來越久，外面遇到的景致越來越多，看著家鄉發生的人事變遷，開始產生一種不是當局者的身分，逐漸抽離出來，開始以旁觀者，或以局外人的身分，聽著在我離開的日子裡，身邊好友們的變化。只能說人生各自選擇，不同精彩，他們有他們的生活，而我也有屬於我一個人的故事，每個人都有自己的生命節奏。

前天帶著老爸去寧波檢查身體，我掛號，付款，取藥，帶著他做超音波檢查，驗血、驗尿。跑上跑下，一邊吐槽國內的醫療服務使用者體驗太差，一邊替老爸諮詢醫生更加細膩的問題。回程在高速公路上夜色已深，車裡放著老爸喜愛的通俗流行阿哥阿妹歌曲，我和他說：「老爸，印象中好像是第一次我陪著你去醫院看病。」

我一路上說了好多肉麻的話，對於有這樣一位老爸我是心存感激的。他性格開朗，在象山朋友眾多，人緣很好不會寂寞，讓我在外頭打拚不會帶著罪惡感。他有能力賺錢，經常和我說的話就是：「兒子，你在外面最重要的就是平安，身體健康，老爸是你堅強的後盾。」目前不需要我去贍養，算是又少了一個負擔。

當我看著身邊好友和他父母因為財務上的糾紛，導致父子間的感情產生裂縫，覺得自己在這方面很幸福。最重要的是，老爸從來不怎麼干涉我的選擇，哪怕我離開穩定的工作，追隨自己的內心，他也不支持不反對，只說：「你在外面安全最重要，家裡不用太擔心。」有家人在的地方，才叫家鄉；否則，也許只能叫故鄉。

每個地方，每個城市，就像姑娘有自己獨特的氣質。象山地處寧波市的東南，三面環山，一面靠海，有「海上仙子國，東方不老島」的美譽，吹過的風彷彿帶著海味。

生活在這裡的居民特別會享受，足浴店、大浴場、美髮店在這個人口不多的小地方野蠻生長，價格還比大城市貴；這裡的人特別能享受美食，吃慣了從東海孕育出來的山珍海味，搞得人人都像是美食家；這裡的居民特別愛面子，錢可以賺得不多，生活品質就是不能打折。每每想著自己家鄉人民的這個特質，就覺得特別可愛。真的印證了那句：一方水土，養育一幫「土匪」。

如果想攜一人之手，共赴終老，這裡真是一個理想的地方。在這裡，幾乎可以滿足穩定生活的所有追求。

前些天和僑辦的一位女士吃飯，她說：「我是一個喜歡安定的人，留在這裡有個穩定的工作，照顧老人和小孩，我知道，這就是我要的生活。」對她而言，過這樣的生活，是恩賜。

我特別欣賞那些知道自己想過什麼生活的人，這才是人生的智慧。未達到這個境界前，有些人總是吃著碗裡看著鍋裡；總是想著特別高層次的生活，而不知自己的才華有可能配不上夢想；總是沒有體驗過，但就是不死心，就是要去撞南牆。在他們聞著家鄉新鮮空氣的同時，也聞到了一絲衰老的氣息。

所以無論說什麼要珍惜現在，要活在當下，平淡的生活其實不平凡等等，對於這群人而言，這種溫暖的話語就像無用的雞湯那樣沒勁。該留的留，該走的還是會走。猶豫著最後沒走的，也許若干年後發現，也不是件糟糕的決定。

而在香港，發現在這裡學習、工作或生活的內地朋友，卻有著截然不同，甚至對立的看法。有言辭激烈的人說：「我已經買好機票，等到課程結束的當天我就飛回北京，這地方我一天都不想待了。」也有相挺留下的聲音：「當然要留在香港工作，現在投資移民都已經關了，一個香港身分就值一千萬，不要回去啦。」

香港應該是全世界人口密度最高的城市之一，但這沒什麼好炫耀的，鋼筋水泥玻璃的城市，密密麻麻的人群，人平均住的地方小，就餐環境更擠，人多只會拉低普通市民的生活品質。然而吸引我的是，她應該也是全世界人才密度最高的地方之一。

和優秀的人交流，經常會有一種腦洞大開的感覺，就像馮唐寫的「春草初生，春林初盛，春風十里，不如你」。在這裡，才知道自己的財富觀就像世界觀一樣狹隘，因為我一直認為年薪百萬就是人生的終極贏家了。有天和在香港工作的朋友說這個想法後，他沒太多評論，只會心地笑說：「當你有天賺到了這個數目，你就不會這麼想了。」

有篇文章說：「在香港，我的空間很小，我的生活很大。」有些人看重前半句，有些人則在意後半句。

那晚和朋友在咖啡館聊了一個晚上，之後他在朋友圈裡發了這麼一行字：「在自己選擇的道路上傾盡全力，才對得起每個人短暫的生命。」

我眼中的香港

去另一個地方生活，不在於那個目的地，
而在於重新定位和發現了不一樣的自己。

香港是一個文明的社會，沒錯。「文明」這個詞，很遼闊很抽象，落實到具體的生活，我認為在於能否尊重他人。比方說，從幾個平時生活的細節就能發現。

香港人口密度全球最高，最正常的現象就是排隊，等公車等地鐵要排隊，點餐需要排隊，在香港待了近一年卻沒見過插隊的情況，哪怕隊伍很長也是老老實實找到隊尾。那天問香港朋友是怎麼看待插隊的現象。只見她表情驚愕地說：「插隊！那是大罪哦，怎麼能插隊？」

居然用「罪」來形容，有那麼誇張嗎？

對於插隊的人，大多數香港人不會視而不見，一定會憤怒地說：「排隊啊！」有一回看到一個香港女人擋在計程車前大罵，還以為出了什麼喪天理害人命的大事，原來是因為另一個人沒有排隊，搶在她前面上了車，結果那女人擋在計程車前揚言叫警察，僵持了幾分鐘，最後硬是讓已經上車的人下了車。

從商場裡的營業員，到社區裡的大堂經理，甚至是醫院裡的護士醫生，都有一個共通性，那就是當他們在服務一位客戶的時候，如果下一位客戶突然上前諮詢問題，他們不會馬上回答，而一定會請他等等，先服務完原本的那位客戶才輪到他。

所以在香港生活經常會覺得香港人不近人情，比較冷漠。但也承認，對於排隊這個現象，往小方向說，是捍衛自己的權益不受損害；往大方向說，是尊重別人的時間。也許有人覺得太過了，顯得有點不近人情，但是一個社會的秩序確實需要每個人共同維護，若是縱容、默視不遵守規則的人，搞到最後社會脫序，自己也是受害者。

除了排隊，在香港的地鐵、公車裡，幾乎看不到有人吃東西，也聽不見大聲喧嘩打電話聊天。這一年來，聽到嗓門清亮，有時伴著爽朗笑聲的，大多都是講普通話的人。倒不是說我們同胞素質不行，但我覺得這是意識問題，就像很多人不覺得在公共場合大聲說話影響了別人，大家都這樣很正常嘛，別人在我旁邊說笑，我也沒覺得被侵犯了呀。

前天在香港中文大學等朋友一起吃晚飯，有個白人看起來像是教授，在我旁邊打電話，神情愉悅，聲音高揚，我抬起頭無恥地聽了幾句，貌似是要準備回國和家人團聚。他看我抬起了頭，以為打擾到了我，走到了不遠處的一個石板上，一個人坐在那裡繼續暢聊。

也許從文明的角度來說，在公共場合的每個人都擁有享受環境安靜的權利，不應該被侵犯。

我喜歡香港早晨的地鐵，有一種特別安靜的氣質。列車開得飛快，一站又一站，列車劃過地鐵站的風聲，廣播裡粵語、英語、普通話三種語言依次報著站。車裡肅靜一片，穿著職業套裝的男男女女，猶如運往前線的戰士。列車到站，各個車廂裡湧出的人匯聚到出口，有條不紊地上手扶梯，沒有嘈雜，只聽到皮鞋、高跟鞋和地面的雙重奏。

整個過程，安靜甚至帶點莊嚴。彷彿深海裡的鯊魚聞到了血腥，彷彿黑暗懸崖下的老鷹看到第一道曙光。這種安靜，充滿力量。

除了欣賞香港社會的文明，還有法制的健全。

香港人最愛標榜香港的法制，一切按照程式和規矩來。這點我也很欣賞，例如社區門口檢查門卡的警衛，一定會每個人都看仔細，沒有門卡的便不太好糊弄，有時忘了帶門卡，就要經過填表格、打電話確認等一道道手續，雖然麻煩倒也覺得安心，晚上不鎖門也不會太擔心。

和香港的教授一起吃飯，他不會請你，也不敢讓你請他。因為涉及利益關係，學生請老師吃了飯，有可能會影響成績打分。前幾年有位內地學生真的給教授送禮，結果教授報警，學生構成行賄罪。雖然我個人覺得教授太不近情面，這樣有可能毀了孩子一生，教育一下就好了嘛，但另一面也反映香港法治的嚴肅和深入人心。

香港還是帶給我很多驚喜，比方說在這裡不太容易掉東西，尋回失物的機率挺大。有一回我在商場掉了一台 iPad，結果商場管理室根據我用遠端遙控顯示在螢幕上的電話號碼，打了電話要我去認領；第二次丟了錢包，尖沙咀警署給我電話，阿 Sir 把錢包裡面的卡一張張攤好，用迴紋針把錢一張張夾好，錢包裡的東西全都用塑膠薄膜包好，活像是贓物現場，我心想這得花多少時間，有必要嗎？還有朋友前幾天來香港，不小心弄丟了港澳通行證，才剛補辦完警署就打電話來說有人撿到了通行證，問是不是她的。

這是一個安全的城市，TVB裡的打打殺殺，那是TVB。我喜歡這裡的食物安全，喜歡這裡的法治健全，喜歡這裡的保險真正有保障，喜歡這裡的通話費買的流量比內地多好幾倍。我欣賞香港人的拚搏精神和做事原則。

如果真要說有什麼不喜歡的話，也許就是香港人有點過於自信了。我個人覺得香港人辦事有效率、按規矩來，這是優點，但缺點就是創新不足，格局有限。香港確實在很多方面比內地好，但大多數香港人卻盲目自信，覺得香港就是最好的。且不說香港的綜藝節目看了傻呵呵，電視廣告拍得很幼稚。香港的網路，和內地不是同一段位。

身邊內地朋友交流的時候，大概都有過這樣的體驗，有些香港人表面和你客氣，但你能聞出裡頭藏著的傲氣；他們臉上掛著淺笑，實際上卻也脫不了幾分清高。

想起今天看的一篇文章，說武功境界有三層，見自己，見天地，見眾生。見天地的人，傲氣；見眾生的人，卑微。而有些香港人，驕傲了，需要修煉。

回頭想想，還是很感恩香港這座城市和她的市民帶給我的影響與改變。去另一個地方生活，不在於那個目的地，而在於重新定位和發現不一樣的自己。

我還在那條路上。

愛與城

親人不在身邊，從小的玩伴可能在故鄉，身邊的朋友也隨時可能分開。在這個城市像一個人在雲裡開著飛機，身邊沒有「副駕駛」，腦子發悶，心裡發慌。

前些天和同在香港的老鄉約在城大的食堂見面聊了會兒，距離上次和他見面已有大半年，那時他才剛碩士畢業，開始在香港工作。我們聊了同鄉會的事情，聊了他的工作、我的學習，聊著各自未來的打算和願景。

他說他在考慮回寧波，不打算在香港久留。我有些驚訝，倒不是要不要回家鄉的事情，畢竟有些人選擇回去，有些人選擇留下，有些人選擇換個地方繼續奔波，都不是什麼奇怪的事。這座城市是靜止的，只有立在石板上的一層層鋼筋水泥玻璃。

我驚訝是因為半年前見面的時候，他幾乎信誓旦旦地說：「回家鄉有什麼意思，我想留下來。」然後說了好多留下來的理由，香港和寧波的對比等等。

我問他為什麼？他說父母走向年邁，自己是獨子需要回去照顧；現在寧波的發展勢頭很好，回鄉發展未必差，留港未必好，畢竟漂在這裡，不是長久。還有就是他和在香港的女朋友分手了，覺得待在這城市沒意思。

有些理由是理由，也可以不是理由；但這一條，也許還真是。

對於港漂的人來說，香港的人際關係既珍貴又有些無奈。世界各地的人湧到這裡，求學和工作、旅遊和購物，卻很少聽到定居和生活。我們駕駛著自己的這艘小船，因為各自的原因，擠在越來越狹窄的維多利亞港，一年、兩年、三年，大多數人都會隨著水流漂到出海口，茫茫大海有著各自確定與不確定的航線，互道珍重，後會也許無期。這座城市，誰是誰的過客，誰又會是誰的歸人？

留在這座城市的理由有很多，例如工作平台大，機會多；例如生活比較多元，有著各種可能性；例如思想很自由，沒有人管你。比方說我一個朋友在上環做著金融，雖然剛起步薪水不算高，但工作是自己喜歡的，也能學到東西。他在香港買了房子，雖然不大但是夠用，有穩定的女朋友，算是在這座城市找到了意義。

說到離開的理由，也相當豐富。這座城市本身就不適宜大多數人類居住，什麼都貴、什麼都小、什麼都擠。城市氣質像曼哈頓，赤裸裸地告訴你，有錢，這個城市可以把你寵壞；沒錢，只能被它虐待。每次回家鄉，總要去麵館吃上一碗熱騰騰的海鮮麵，剝著蟹殼，喝著湯汁，無比滿足，感慨這才是生活。

每年的三月是換工作的交替潮。很多人拿到年終獎金或分紅後，可能就辭職或是換一家公司，又或者乾脆離開，臨走前還要罵一句：「這破地方，再也不想待了。」沒關係，新的人會從其他地方湧過來。不管選擇離開，還是繼續留下，只要內心有了傾向，都可以找到一堆理由來說服自己。

所以對於人際關係，大家心裡往往都有一桿秤，在這座城市相遇，確實是緣分，誰也不知道緣分能維繫多久，但心裡也都大概清楚。抱最好的希望，做最壞的打算。對於工作、對於感情、對於人生。

朋友圈點個讚，留個言，就等於表示一直在關注。偶爾週末出來吃個飯，吃個火鍋，不拿出來發文曬一下就覺得這周白過了。平常喝個下午茶什麼的就免了吧，大家都很忙，自己能不能活下來都不知道。

總覺得這個城市，有種群體性孤獨的氣質，一小撮人的狂歡，大多數人的假 high，一個人的孤單。城市越包容，自由度越大，存在感越低，也更容易迷失。畢竟大多數人都不是內心強大、衣食無憂的自由主義者，總需要時不時喝一碗雞湯，打一針雞血，告訴自己還在路上，勿忘初心。

親人不在身邊，從小的玩伴可能在故鄉，身邊的朋友也隨時可能分開。在這個城市像一個人在雲裡開著飛機，身邊沒有「副駕駛」，腦子發悶，心裡發慌。但想要找個「副駕駛」，卻不太容易。

兩個人交往，相互試探彼此瞭解需要時間和耐心。而在這座城市，這兩點屬於稀有資源。大家忙著奔波，忙著活出個人樣，下一次見面，還真不好說在什麼時候。

當然時間還不是最關鍵因素，畢竟對某個人內心衝動了，身體騷動了，荷爾蒙旺盛了，一天二十四小時，任何一刻都是見面的好時光。問題就在於，兩個靈魂在這裡似乎不太容易擦出火花。

在香港工作的人，雖然身體可能忙得累成狗，思想和品味卻不差。就像穿著剪裁得體的西裝，卡在擁擠不堪的地鐵；就像拎著名貴包包，吃著旺角地攤的酸辣粉。身體能將就，靈魂很講究。正如某人說：「如果我和未來的另一半在一起的時候，他拉低了我生活的品質，那為什麼還要在一起呢？」所以在這座城市，能有一個人讓你去愛是件幸福的事。夜晚維港對岸的燈光，都是不一樣的煙火。

陶喆在《愛，很簡單》裡唱著：「只要能在一起，做什麼都可以。」如果不幸失去了你的「副駕駛」，留下來又有什麼意思呢？堅持著又有什麼意義呢？

我能理解他的痛苦。

能在一起，你就是我的夢想，你在的城市，就是我夢想的地址。你若不在，我又豈能安好？

這個城市的每個角落，都有人正在奮鬥

你放棄老家的優越安逸，就得接受外面的疲於奔命；你放棄上班族朝九晚五的穩定感，就得接受自由自在的不確定……疲於奔命練就的強大內心，不確定帶來的驚喜，挑戰讓你獨當一面等等。這些那些，都是你被保護、被圈養所得不到的財富。

每次晚上十點後從外面回來，走在社區裡你不會覺得已經到了該睡覺的時間，因為身邊還有很多人和你一樣步履匆匆地趕著回家。有三三兩兩學生們的嬉笑，有西裝革履的人們結束一天業務的疲態。有身邊匆匆閃過大汗淋漓的夜跑者的身影，偶爾也有幾個小夥子在路邊自彈自唱……彷佛是內地晚上七點多大媽們剛跳完廣場舞的時間，而不是已經來到了深夜。

因為這個城市的白天比夜晚長。

想起前段時間看的一篇文章，說一個在香港工作的人抱怨，很多遊客所看到的香港美麗夜景，寫字樓裡明亮的燈光、城市的繁華，那都是他們這群白領留在辦公室頂著明亮的日光燈，沒日沒夜地加班的效果。

是啊，你在維港吹著海風，舔著冰淇淋，一邊用自拍神器拍下自己用美圖濾過的臉，一邊偽文藝腔地感慨：「啊！香港好繁華好美。」你可知道維港彼岸的人們，正在燃燒著自己的青春，幫你點亮著你的照片背景，以及這座城市不屬於你的繁華。在許多香港人眼裡，夜晚只不過是白天的延伸而已。但是他們還是覺得白天的時光太短，指縫太寬，好像一不留神就會被拋棄在時間的列車裡。

所以雖然這裡自動手扶梯的速度是我見過最快的，卻仍然有好多人要從你後面說「唔該」，你著急地一閃，然後一個矯健的身影（身著西裝較多）大步走過你身邊，沒看清就消失在視線，飄過一抹華麗的背影。「左行右立」的習慣一直維護得很好，不知道是不是和這個有關。

走在地鐵站裡，身邊的人流膚色不一，口音各異，卻幾乎都有同一個特徵——快。迎面走來的人，有很多都戴著耳機，表情嚴肅，好像心裡都裝著幾斤心事，走向他們自己可能都不確定的未來。這座城市太忙碌，無暇掃你一個好奇的眼神。

這裡的餐廳服務員點菜速度也是無與倫比的，有時候我都還沒反應過來自己點了什麼，櫃檯阿姨已經出票，擠出一臉職業的笑容說聲「唔該」，然後立刻扭轉頭，響亮一聲「下一位」，然後自己就茫然地去排隊拿餐了。

有時候你在道地的香港茶餐廳點菜，如果你心裡還在糾結著要點什麼菜，那服務員必然是沒有耐心伺候著讓你慢慢想的，早就招呼別桌去了，還一副愛吃不吃的表情。哪像在內地有些人拿著菜單研究了好久，最後點了一個土豆絲什麼的，在這裡就別這麼拖泥帶水了，不然都無法直視服務員大媽的眼神，或是覺得對不起這裡的租金。

想在這座城市立足，真的需要有一技之長。因為這座城市自由、平等、開放，市場決定給不給你機會，金錢衡量你有多少價值。聽過一堂當代中國研究的課程，授課的是一個在耶魯讀了公共政策博士的上海女人。她說，一個城市若是能給予一個人才自由流動的能力和合理的回報價值，那麼這個城市就能吸引到優秀的人才。

在香港沒有像內地那般好的退休金制度，沒有像內地那樣的鐵飯碗概念，感覺在香港大多數職業都是累死人不償命的。在這裡生存，需要勤勞的雙手和專業技能。所以在這裡認識的很多人都讓我欣賞敬佩，因為他們往往都很專業。例如我們學校的 Professor Tony

Hung。老教授頂著稀疏銀髮，已經退休卻仍然在中大和浸會授課，每次來教課的時候都背著一個萌萌的雙肩包。

他是我見過的教授中英語功底最好的。嗯，該怎麼形容呢？有人把錢鐘書用英語授課的聲音錄下來聽，發現不僅沒有任何語法錯誤，而且用詞貼切得體，聽得如沐春風。Tony 差不多就屬於這種水準。他說的那句「Education makes a people easy to lead, but difficult to drive; easy to govern, but impossible to enslave.」（教育使一個民族容易領導，但是難於驅使；容易管理，卻不可能奴役），我一直銘記在心。他三個小時的娓娓道來，看不出疲態和倦怠感。

有次課後回去的路上和 Tony 交流了一下，我問他這樣上課是不是很累。他說當然會累啊，不過當你在做自己喜歡的事情時，就不會感覺辛苦了。因為熱愛，所以付出；因為付出，走向專業。聽起來雖然很老套，卻是道理。

普通在香港的居住面積之小，足以讓內地人都驕傲地覺得自己是土豪，工作時間之長，讓他們都不太想在那裡待著了。但他們一直懂得保持優雅，隱藏努力的狼狽。就像天鵝在水上輕鬆優雅地游著，但其實它們的腳在不停運動，只是藏在別人看不到的水下。

因為在這個城市，辛苦是廉價的。他們展現給別人的，永遠是一副精緻的妝容與自信專業的態度。哪怕精緻的妝容下藏著疲憊的眼圈，哪怕筆挺的西裝裡塞著寂寞的靈魂。他們是對自己的生命有要求的人。

突然想起作家易術當年寫自己北漂生涯的一段話：

你放棄老家的優越安逸，就得接受外面的疲於奔命；你放棄上班族朝九晚五的穩定感，就得接受自由自在的不確定；你放棄循規蹈矩的命運節奏，就得接受生活給你帶來的挑戰；你想站在原地，就得放棄別處的風景；你想去遠方，就得離開你現在站的地方；你放棄甲，就得接受乙。

但那不也是因為乙有著更獨特的魅力吸引你嗎？例如疲於奔命練就的強大內心，不確定帶來的驚喜，挑戰讓你獨當一面等等。這些都是你被保護、被圈養所得不到的財富。

是啊，沒有夢想，何必遠方。

異鄉的築夢人

生活已經走在你前面，展現之前不曾預見的畫面，美好的、殘酷的，都赤裸裸地展現給你看。生活為你點的餐，好吃就多吃點，難吃，也要咽下去。

如果想在香港追逐自己的夢想，往往際遇是面前幾座大山，身後幾乎沒有退路。可能在香港待久了，前些天回上海，不自覺的比較起這兩座「國際化大都市」，發現都是國際化卻有各種差異，尤其對於在城市拚搏、築夢的異鄉人。

例如住房，所謂居者有其屋，在一個城市打拚能有自己的一棟房子，算是有根、體面，少些居無定所的漂泊感。不用比市中心區幾千萬上億的豪宅，沒意思。

在上海，買不起市區的房子可以選擇郊區，如閔行、松江等，或東邊的川沙等，兩萬一平方公尺，也能有個小戶型；而在香港，西邊的東湧，東邊的康城，已是地鐵的盡頭，均價十萬，一套五十平方公尺的小戶型五百萬起跳。別和我談內地的房價高。

記得第一次來香港的時候，在銅鑼灣鬧市區看到一座破舊的大廈，外牆上貼了幅巨大的海報，上面寫了句「Never undervalue the place you've got here.」（永遠不要低估你現在的地方。）香港的房價高得離譜，房產仲介指著窗戶對面的一套小戶型說：「那套房是客戶今年年頭剛買的，現在已經漲了三十萬了。」

分不清是槓桿，還是泡沫。

買不起房，那就租房。市中心的房租年年漲，七千港幣只能租個七平方公尺的小單間，僅供放下一張不能超過一米八的床和一張書桌，女生就在書桌上搭個梳粧檯。同樣價錢在上海，一般能租個兩房一廳。香港油尖旺地區屋子舊，但地理位置好，在市區交通方便，所以經常出現違和的一幕就是在一個破舊、樓宇狹小的電梯裡，走出西裝革履，或者精緻無比的男士女士。

租房就要涉及搬家，在香港一般合約簽一年，續租比例不大。加上房子小，好多港漂新學到的技能，就是全部的身外之物都能擠進兩個行李箱，今天要搬家，明天就走人。有些技能是主動學來的，另一些是被迫養成的——都是為了生存。

在這兒生活，必須有自嘲、自黑的氣質，就像中國的股民，前陣子花了十幾萬億，買回一堆段子。

有人說在香港工作收入高，殊不知生活成本更高。在這裡月入一萬被人憐憫，都不夠租房和吃喝；月入兩萬，勉強糊口；月入五萬，還在焦慮；月入十萬，呵呵，恭喜！你終於獲得在這座城市暢想未來的資格了。在這裡築夢的異鄉人，要嘛就是混得還不錯，要嘛就是混不下去，夾在中間地帶的很少。

「有時候想想，真不想待了。」同事一邊吃著盒飯，一邊看著窗外的維港說：「哥在內地，好歹也是有房有車的人。」

投資講高風險伴隨高收益，在香港高收益不敢說，但一定高成本、高風險。為什麼仍然留在香港工作？也許在這個腎上腺素戰勝辛酸淚水的城市，能讓你知道自己的極限和邊界在哪裡。這座城市會奪走你很多東西，至少是舒適，但同時也會饋贈很多，能不能拿到，全憑你本事。

不管生活多麼艱難，總會有叛逆的人對著幹。就像總有人鍾情草原的野馬，總有人愛慕風情萬種的女子。總有些人，就像命運的賭徒，不到傾家蕩產，不到一無所有，就不認輸，不想離桌。

留在香港工作的，都是有勇氣的。

在這裡不用想著有太多選擇，因為生活已經走在你前面，展現之前不曾預見的畫面，美好的、殘酷的，都赤裸裸地展現給你看。生活為你點的餐，好吃就多吃點，難吃，也要咽下去。

夜晚十點還在燈火通明的寫字樓裡OT（註：overtime，香港加班的口頭禪）的人們，這座城市的榮光，也屬於他們。

獻給所有在香港築夢的異鄉人，因為他們註定不會成為生活的旁觀者。

寫給我的旅行箱

生活的容量，其實和旅行箱的容量差不多。我們真的不需要擁有全世界，得到的越多，失去的也是同樣，我們只擁有相同的二十四小時。流於表面的擁有，終究走不到內心。

我的旅行箱：

你好呀。

去年十二月的曼哈頓，第六大道三十四街梅西商場八樓，一眼就被你吸引，深灰色的外殼，低調、簡約、輕奢的氣質。於是拉著你的小手，把你帶回了家。

每次出行、出差或是旅遊，你成了我的旅伴和標準配備，雙肩背著蘋果 Mac，手上拉著你。你的輪子靈活，我喜歡一邊走路，一邊用右手把你打轉，猶如一個舞伴，在旁邊轉圈起舞。

二十吋的拉杆箱可以直接帶上飛機不用托運，因為你知道我的時間寶貴，無法忍受圍在愚蠢的行李轉盤，看著一個個被推出來的旅行箱，焦慮、失望，期待下一個出現的是不是你。把你帶上飛機塞進行李艙內，知道你就在我頭頂安靜地躺著，心裡踏實，飛機一落地就能走人。

你雖然是二十吋的規格，卻有著二十四吋般的容量，中間拉鍊一側通常放兩套換洗的衣物，另一側放皮鞋，運動鞋，和我最喜歡的英版紫色New Balance。

你看過我所有的忙碌和狼狽，有次下了飛機後沒有時間把你領回家，放在公司的角落一待就是三天，事後要找東西才想起；你能體會我所有的情緒，包括一個人獨處時的消極。你不怕被我遺漏，也不介意被我想起，你知道一個人如果經常嘰嘰歪歪，他的人生就會充滿戲劇性。所以你只是靜靜待在那裡，只出現在我出門需要的時候。

在香港，我的所有財產都在三個旅行箱裡，二十八吋、二十四吋和二十吋。三個箱子，裝下在這座城市的所有。我在香港搬過三次家，從一開始來讀研究生住的大圍名城，到後來的康城，再到現在的紅磡。慢慢發現每一次和過去告別，換一個地方重新開始生活，真正需要跟隨自己的東西，並不用太多。每一次搬家就是按一次歸零的按鈕，去繁入簡的過程多做減法，走在路上腳步會更加輕盈。

很喜歡的一部電影《型男飛行日誌》中，喬治．克隆尼在受邀演講時，總是會拿出一個包，賣他的人生哲學：「假如生活就是你的背包，你想裝進哪些東西？房子、車子、沙發……直到我們寸步難行。如果我現在決定把你的背包燒了，你最想從裡面拿出什麼？」最後他嘴角微微上揚，咪咪一笑，拉起眼角皺紋都性感的側臉，總結說：「Moving is living.」（移動就是生活）。

我們都是揹著生活負重前行的人，生活就是我們的十字架，沒有人能夠掙脫。卸下哪些，扛上哪些，都是我們的選擇，是智慧的開頭。生活的容量其實和旅行箱的容量差不多，我們真的不需要擁有全世界，得到的越多，失去的也是一樣。我們只擁有相同的二十四小時，流於表面的擁有，終究進不到內心。

以前想要的生活，要熱鬧、要有錢、要尊重；現在理解的生活，風格是克制。

前幾天在老家過中秋，聽某位阿姨說要為剛開始工作的小孩買房，說至少也得買一百四十平方公尺的，要不然太小了。我淡淡地笑說：「第一，年輕人不應該一開始就買房，現在擁有房對他們來說可能是捆綁，不一定是祝福。第二，雖然現在房價高，但是至少讓他們自己去拚搏幾年，不應該剝奪他們奮鬥的理由和權利。第三，一百四十平方公尺，呵呵，在香港可是豪宅呢。」

又想起，一個人到底需要多大的空間才算足夠。香港寸土寸金，居住空間是出了名的狹小和擁擠，房租又是離譜的貴。在香港打拚不能隨心所欲地買衣買鞋，買各種喜歡的物件往家裡塞。倒不是買不起，而是放不下，逼自己控制對物質的貪婪。

漸漸開始明白，有些東西只需體驗無須擁有。身外之物少了，腦袋就不會牽絆很多事，搬家只要拎三個箱子上車就能說再見，不糾結、不扭捏，開始收穫輕鬆，收穫幸福。當失去對物質的過度追求後，開始擁有詩和遠方，和內心的豐盈。

我的空間很小，我的生活很大。

盧梭說：「人是生而自由的，卻無往不在枷鎖之中。」深陷生活的我們幾乎沒見過自由的樣子，可卻一直在深深體會著不自由。

體會自由，就從精簡生活開始吧。

今天不關心世界，只想回家

其實現在回家鄉的心情越來越糾結了。看到從小一起玩到大的小夥伴們，工資也許不高但都事業穩定，房子雖然不貴但都一百多坪，牽著老婆帶著娃的……這一刻，會質疑當年的三觀和所謂的理想。

飛機落地後，再坐一小時的車回到家鄉小城。語言系統自動切換方言模式，肩上還背著電腦包，右手還拖著行李箱，上了計程車第一個目的地不是家裡，而是去家東門口的香噴噴麵館吃一碗海鮮麵。

麵店老闆見到我，總會笑咪咪地問：「從香港回來啦，這次能在家待幾天呀？」每次必點最代表家鄉味的麥麵，加上蝦蛄、蟹、小黃魚、蟶子，配上熬好的排骨高湯，大火燒滾幾分鐘後呈上熱騰騰一大碗麵，麵上趴著蝦兵蟹將，看著就已經感動了。

香港西貢的海鮮已經忘記，米其林餐廳的精緻此刻也表示呵呵。我一邊嫻熟地卸下小海鮮們的各類盔甲，享受著高蛋白的滿足，一邊喝著滾燙鮮美的濃湯。直到鏡片模糊、額頭冒汗，胡吃海喝後放下空碗，抹抹油膩的嘴唇，擦擦一頭細汗的胖臉。肚子充實，心裡踏實，這才算是正式到了家。

家鄉的味道，有時就是一碗海鮮麵的味道。

其實現在回家鄉的心情越來越糾結了。看到從小一起玩到大的小夥伴們，工資也許不高但都事業穩定，房子雖然不貴但都一百多坪，牽著老婆帶著娃的，這時你感覺自己像個失敗者，心理陰影面積巨大。這一刻，會質疑當年的三觀和所謂的理想。家庭才可貴，自由算個屁，什麼詩和遠方，遠方太遙遠，詩不能當飯吃——高曉松你這個騙子。（編註：高曉松為北京校園民謠的代表人物）

前兩天看一篇文章，標題是「留不下的城市，回不去的家鄉」。光看標題，就共鳴了、動情了。上海、北京我不知道，但提到香港，所有畢業後沒有回內地發展，選擇留在香港打拚的港漂，資料統計兩三年後超過一半的人會離開這座城。因為房價太高，就像我前文所說的，月薪沒有超過十萬，你可以說在這座城市工作，但沒有資格說在這裡定居。連想都不要想，這座城市的繁華和你是沒有關係的，甚至在你離開的時候和她說再見，她也不會給你一個正面的回應。

想留，留不下。

有人說，家鄉是最後的港灣，在外面如果混得不好還可以回來。說得很溫情，現實很殘忍。你問問那些在一線城市打拚的人，有幾成是現在已經混得很好的，剩下混得不好的，又有幾成是心安理得滾回家鄉的？

回不去了好嗎！

因為留還是回根本不是選擇題，你有能力在這城市留得住，就有顏面回得去，衣錦還鄉嘛；如果在城市混不下去，你也沒臉回去呀。我是獅子座的，盲目的天生驕傲，既然選擇出來闖蕩江湖，就一定要幹出一番事業不可呀。混得不好就只能跳家鄉的東海了，完全沒有苟活的退路。

但現實是三五年後事業沒有小成，人生沒有小贏的人比比皆是，一不小心家底還不殷實，在一線城市買不起房。在大城市不被認可，在家鄉不被理解，面對身分的模糊，崩潰了心理防線。回到家鄉請善待他們，多發些紅包吧。

所以經常有朋友和我說，你幹嘛這麼拚？我一般回答是：第一，如果你說我拚，說明你還沒見過真正拚的人。我覺得那些人最起碼要買二十萬美金保額以上的重大疾病和人壽保險，因為估計用不了多少年，這筆錢就能派上用場。

第二，我已經不是剛從大學畢業的小鮮肉了，再晚幾年就要變成道貌岸然的中年人，肚腩隆起，油光滿面。所以沒有多少青春可以揮霍和浪費，只管體驗，不管未來的成長方式已經不屬於我，試錯的成本已經大到決定命運了。

第三，選擇離開家鄉去一座陌生的城市，意味著你失去了陪伴父母的時間，大多數情況下也延遲了結婚生小孩的時間，這些隱性的成本才是最貴的。我們所有的努力，只希望能早一天獲得財務上的相對自由，才能獲得時間自由，才能多抽出時間來陪伴家人，才能放心大膽地去結個婚生個娃。

不要和我談什麼急功近利，因為你無法體會我們的焦慮，我們在和時間賽跑。家鄉的習俗，過完這年我就虛歲三十了。俗話說，三十歲前認識世界，三十歲後認識自己。

但是我驚恐地發現，自己前兩年離開體制，跨出自己世界的周長半徑，走向未知的廣闊天地的時候，才知道這個世界比我想像中更寬闊，幾乎是重啟了對於世界的認知，認識自己更是。今年發展還算可以，開始雇人，建團隊，社交不同的人群，越來越認識到自己的不堪，性格上的短板，格局上的短視，和領袖氣質的壓根沒有。

雞湯界有一著名金句，說要勇於走出自己的舒適圈。這句話還真是對的，因為在舒適圈內你真把自己當那麼回事的，出來後你一定會知道原來自己是多麼失敗。想起以前自己在人前高談闊論時，有些閱歷豐富的人坐你面前，眼神善意，意味深長的笑而不語。當時覺得他們的笑容很詭異，現在想來背後一身冷汗。

還有一點，這個世界變化太快了，我們永遠都在重新歸零，重新認知。我相信，再過幾年甚至幾十年，大家再回過頭來看中國現在這幾年的變化，會定位說，嗯，這是偉大的年代。網上有篇文章，對比五年前的世界和現在，變化之大難以想像，幾乎兩個時代。

而未來五年，我相信這個速度一點都不會慢。摧枯拉朽，成批的死去，成批的興起。在大城市打拚的人，從這個角度來說是幸運的，因為我們不是被感知，而是主動地在體驗、吸收，甚至參與改變和創造新的世界。

朋友給了我一本財經雜誌，說這書不錯，我問為啥，他說因為上面有他寫的文章……好吧。我翻了幾眼，看到一篇文章的一段話，還真心有感觸（但不是他寫的那篇）。

「這是最壞的時代，經濟減速，利差縮減，壞帳攀升，過度監管；這同時也是最好的時代，科技進步，市場利率化，空前寬鬆的創新環境。也許在這個時代裡，我們最不需要的就是焦慮。」

新的一年，江山未定，勝負未分，還在征途。

有一種焦慮叫作三十不立

三十而立，
不是立業，而是立志向。

三十而立，在如今社會是個偽命題，因為在大城市過了三十，一般都「立」不起來。所以或許我們要用新的角度去詮釋——三十而立，不是立業，而是立志向。

我的直屬主管 Effie 是個愛折騰的職場女強人，畢業後在麥肯錫一路做到了高管，然後跳到甲方公司華潤（香港）去當總監。本可以舒舒服服過養老的日子，結果又辭職加入網路金融這個風口；肚子裡懷著第二個小孩，還保持一週一飛的節奏。

前幾天她參加了上海交大同學會，和我說現在的同學們多麼厲害。我說同學會嘛，永遠都是一些人高調愛炫耀，另一些人在低調秀優越，傷害對方又傷害自己的場子。

她說這一次沒有，像她們這年紀，這輩子能飛黃騰達還是平平庸庸已經能看透。混得出來的，在穩定的快車道；沒混出來的也看開了，家有老婆孩子，有房有車，孩子能上得起學，沒有大富貴，也有小日子。

「你都不知道上一次同學會，六七年前，當年我們差不多三十歲，那時大家都好焦慮，事業、結婚、生孩子，尤其在大城市打拚的更加明顯。」她嘆了口氣——三十歲左右，真是一生中最焦慮的年紀。

我咽了口水，突然覺得氣氛不對，四周的空氣變得凝重，車子變得沉重。這說的不就是現在的我嗎？我確實好焦慮啊。

我之前寫過一篇文章，說畢業五年決定你的一生。當時也許有些偏激，因為這兩年自己的職場轉型也算是實現了彎道超車。但現實是畢業五年也許決定不了一生，卻基本上決定了你未來的走向，三十歲後人生逆襲的天花板開始收窄，職場的其他條賽道開始閉合，只看得到自己眼前的那條。

這時候驚恐地發現這條賽道看上去並不美好，路上坑坑窪窪一路艱辛；賽道並不開闊，自己無法施展身手；更糟的是，賽道未來軌跡並不大幅上揚，似乎很快就要走到盡頭，甚至出現拋錨的風險（所謂職場的天花板）。

例如教了幾年書的老師在困惑中國的教育體制，這份陽光下最美好的事業，是否真的像宣傳的那樣，到底是在「誨人不倦」還是「毀人不倦」。

例如一路實習輪班終於做了醫生，卻開始反思為什麼操著賣白粉的心賺的卻是賣白菜的錢，在國外醫生不都是高收入嗎，當新聞開始呼籲保護和尊重醫生，醫生怎麼還成了弱勢群體了？

例如搞金融的開始懷疑，自己當年覺得「高大上」的職業本質，是人民幣的搬運工外加拉皮條和吹牛。這兩年經濟下行，眼見每天早上賣煎餅的大媽賺的都比自己多了。實體金融已經被網路金融打得潰不成軍，轉業創投才是出路。當年的蔡崇信，前幾年的柳青，都是活生生的金融職場華麗轉型的鮮活案例。掩面長嘆——三十年河東，三十年河西。

三十歲出頭的我們有吐不完的槽，但吐完我們還是得還房貸。而有更多人是三十歲還買不了房，連當房奴的資格都沒有。活在青春尾巴的我們，看著自己開始發福的身體——還能換賽道嗎？能不焦慮嗎？

於是只能用詩人歌手李健的話安慰自己：「嗯嗯，我覺得男人三十而立這個說法是不對的；現在社會，男人四十能立就不錯了。嗯，是這樣的。」

所以這時候我們要問自己一個問題，畢業後的這幾年我們都在忙些啥？畢業時說好的要迎娶白富美，走向人生巔峰的節奏呢？終於意識到，有一種失敗叫瞎忙。

有句話我很贊同，年輕人的特點是什麼？第一是有足夠多的可能性，第二是沒有自知之明。早些年我們可愛的文化商人余秋雨老師就說過，青年不值得歌頌，而是一個充滿陷阱的年代。陷阱一生都會遇到，但青年時代的陷阱最多、最大、最險。

青年時代擁有最多的可能性，但這種可能性落實在一個具體的人身上，卻是宅路一條。我們的青春只能揮霍在自己的可能性上，對自己的未來下注，青春是唯一的籌碼。

但問題是，同樣的年輕人，有些人覺得青春易逝，拚命學習成長，外練能力內練氣質，幾年之後時機成熟，完成逆襲；而大多數人，嚴重低估了自己這幾年美好青春的寶貴價值，覺得腰纏大把時間，配上一副好身板，不著急、不害怕、不要臉，好像也在做事，卻不善於思考和佈局，最後陷入忙碌卻盲目的尷尬。

真的，好些年輕人，看他現在的狀態和姿態，一般能判斷出未來三五年後的樣子。所以青春的籌碼太貴，別下錯注，因為多半翻不了局；別犯錯，因為一般回不了頭；別走彎路，因為很可能走不回來。

還記得ＢＢＣ那部著名的紀錄片《56 Up》，片中追蹤採訪英國十四位不同階級的七歲小孩，到十四歲、二十一歲、二十八歲、三十五歲及四十二歲。多年過去了，得到的結論是他們似乎都沒有逃出自己的階級，上層社會的還在上層，下層社會的還是下層，除了有個小孩出身貧苦，後來當了大學教授。

階級和圈層的流動也是符合正態分佈的（見下圖），我們大多數人都包在那條曲線「穹頂」之下，只留少數成為命運手掌裡的漏網之魚。

真的，我們努力都不一定能逆襲，何況不努力呢。既然焦慮不可避免，我們能做的就是帶著焦慮前行，如同醫學上講的帶菌生活是同一個道理。

自己這幾年的摸爬滾打，走的彎路、吃過的虧，在夕陽下回顧自己的過去，我真心覺得以下兩點，希望當初的自己能早點明白。

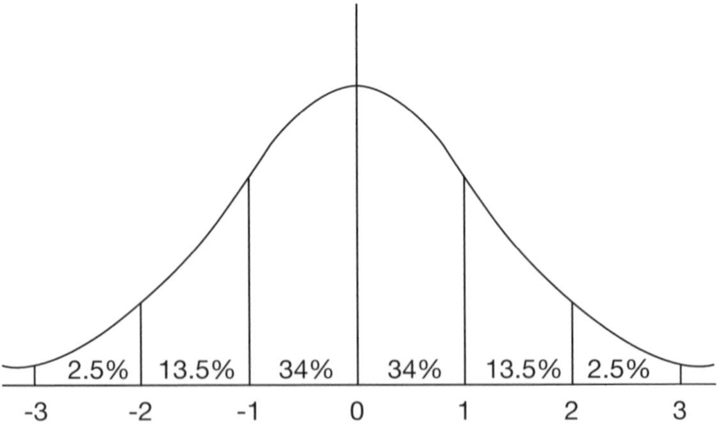

所做的事情能不能提高自己的勢能

之前講過，任何工作其實都是在重複，區別在於重複的勢能不同。一類是簡單機械式的重複，技術含量不高，例如一些體力活，或者專業要求不高的腦力活。去年、今年和明年所做的事情都一樣，眼界、能力、素質並不增長，或增長太慢。具體行業就不舉例了，免得得罪太多人。

而另一種重複含金量較高，每一次重複都在積累和獲得行業經驗。例如做諮詢，投行。深度積累後的核心競爭力，會在網路的推動下得到最大化的價值體現。因為一直在蓄勢，時間越長勢能越高，一旦開閘，一次的交易量是有可能超過人家一年的血汗所得。

為此我還專門畫了一張圖，好闡明自身價值與時間的關係。

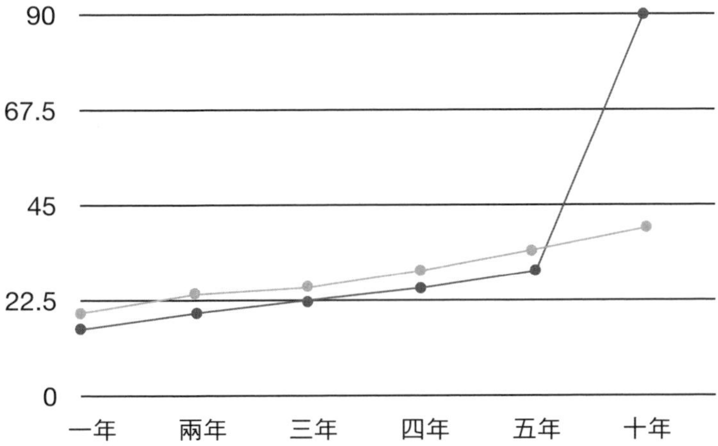

所以如果自己還算年輕，沒有迫切的養家糊口壓力，那麼在選擇事業或者找工作的時候，最不應該看重的就是當下給你的薪水。不要把青春賤賣了，因為從時間的成本比起來，從未來往前看，現在給的薪水一定是廉價的。換我們現在青春的籌碼，不是一月幾千幾萬的薪水，而應該是平台、資源、人脈、能力增值等無形的東西，才擁有時間複利和溢價空間。

說白了，一個人真正的能力，不在於能賺多少錢，而在於市場覺得你值多少錢。

做擅長的事，而不是做賺錢的事

我個人比較認同的一個說法就是木桶理論已死，長板理論為王——優勢才是王道。說白了就是你得擁有一項技能是超越大眾很多的。這個時代需要專才，而不是通才。

因為職場和商場本質是資源互換，你的那條長板就是你的核心競爭力，用來撬動其他資源的籌碼。這條長板越明顯，就越會吸引其他資源來找你對接和互換。

例如許岑老師因為PPT做得好，成為羅永浩身邊不可或缺的人，現在更是在淘寶賣教PPT的網路教程，開收費群等，完成了巨大的商業變現（當然還有其他素質因素）。說白了，網路時代都是講究資源整合，沒有一項核心能力，對不起，真心只能被邊緣化。

這幾年摸爬滾打的職場人，在三十歲左右的年紀，我們選對了接下來的賽道了嗎，我們訓練好自己的長板了嗎。還好，社會現在對年齡更寬容了，我們還可以不要臉地說自己還年輕，還可以仰起頭四十五度角仰望星空，依然熱淚盈眶。無須量力，只管前行；不怕路長，只怕心老；還沒有成功，就還沒有失敗。

共勉。

HEART
心|視野 心視野系列 034

優秀的人，都敢對自己下狠手

不設限世代，競業青年的翻身準則

作　　者　陳立飛
總 編 輯　何玉美
編　　輯　簡孟羽
封面設計　張天薪
內文版型　顏麟驊

出版發行　采實文化事業股份有限公司
行銷企劃　陳佩宜・黃于庭・馮羿勳
業務發行　林詩富・張世明・林踏欣・林坤蓉
會計行政　王雅蕙・李韶婉
法律顧問　第一國際法律事務所　余淑杏律師
電子信箱　acme@acmebook.com.tw
采實官網　http://www.acmestore.com.tw
采實粉絲團　http://www.facebook.com/acmebook

I S B N　978-957-8950-42-9
定　　價　320 元
初版一刷　107 年 7 月
劃撥帳號　50148859
劃撥戶名　采實文化事業股份有限公司
104台北市中山區建國北路二段92號9樓
電話：(02)2518-5198
傳真：(02)2518-2098

國家圖書館出版品預行編目(CIP)資料

優秀的人，都敢對自己下狠手：不設限世代,競業青年的翻身準則 / 陳立飛作. -- 初版. -- 臺北市：采實文化，民 107.07
面；　公分. --（心視野系列；34）

ISBN 978-957-8950-42-9（平裝）

1.成功法　2.通俗作品

177.2　　107008210

采實出版集團
ACME PUBLISHING GROUP